KOREAN IDENTITY

대한민국 정체성 바로 세우기

경제·정치 그리고 통일

성진근 지음

도서출판 해남

대한민국 정체성 바로 세우기

초판1쇄 인쇄 2023년 11월 10일
초판1쇄 발행 2023년 11월 16일

저 자 성진근
발행인 노현철
발행처 도서출판 해남

출판등록 1995. 5. 10 제 1-1885호
주 소 서울특별시 마포구 마포대로8길 9 영명빌딩 405호
전 화 739-4822 **팩스** 720-4823
이 메 일 haenamin30@naver.com
홈페이지 www.hpub.co.kr

ISBN 978-89-6238-179-5 03320

머리말

오랜만에 미국 여행길에 올랐다. 못된 병에 걸려서 장기 입원 치료를 받았던 아내를 뒷바라지하는 일과, 코로나 팬데믹으로 인한 여행 제한 때문에 미루다가 5년여 만에 막내아들이 살고 있는 미국(LA, Yorba Linda)에 가서 손주들의 재롱도 보고 친구들도 만나기 위해서였다. 그런데 교포 사회의 분위기가 영 좋지 않았다. 한국 정치판의 나쁜 문화인 갈라치기가 미국에까지 전이(轉移)되어 같은 편이 아니면 서로 밥도 함께 먹지 않는 냉랭한 분위기로 변해 버린 것이다. 아이오와 주립대학에서 국제정치학을 강의하다가 은퇴하신 노교수 한 분이 나에게 물었다. "한국인의 정체성(identity)은 도대체 무엇이오?" 순간 숨이 막혔다.

불과 1세기라는 짧은 기간 동안 한국인은 엄청난 변화의 소용돌이에 휘말려 왔다. 먼저 36년 동안 일제 식민 지배를 겪었다. 외세(外勢)의 도움으로 해방은 되었지만, 70여 년간 북쪽은 소련의 공산주의 체제, 남쪽은 미국의 시장 경제 체제에 적응하면서 힘겹게 살아남았다. 그리고 오로지 먹고살기 위해서 앞만 바라보고 열심히 일한 덕분에 남쪽은 선진국의 문턱

에까지 도달하였다. 그러나 북쪽은 공산주의 종주국인 소련의 사회주의 경제 실패 전철을 밟아서 가난의 굴레를 아직도 벗어나지 못하고 있다.

남쪽의 앞선 기술과 경험, 그리고 풍부한 자본력으로 북쪽을 도와서 번영하는 한민족 공동체를 만들고 싶어도, 흡수 통일에 의한 체제 붕괴를 우려하는 북측의 반대로 하는 일마다 도로 제자리이다. 그렇다고 해서 한반도 평화 정착과 번영하는 한민족 경제 공동체의 건설은 우리에게 주어진 역사적인 소명이므로 포기할 수는 없는 일이다.

미국에서 귀국한 뒤, 한 달 동안 꾸준히 읽고, 생각하고, 썼다. 바쁜 일상에 쫓겨서 짬을 내지 못하는 현역(現役)들에게 대한민국의 정체성을 뚜렷이 세우고, 우리에게 던져진 핵심 과제에 접근하는 틈새 길이라도 열어 주는 일에 은퇴한 노인이 힘을 보태야 한다고 생각하였기 때문이다.

이 책은 총 5개의 장으로 구성되어 있다. 제1장은 한국 사회가 당면하고 있는 인구 감소와 국부(國富) 감소의 위기를 설명하였다. 제2장은 코로나 팬데믹 이후 재편되고 있는 국제 경제 질서를 정리하였다. 제3장은 우리나라가 당면하고 있는 인구 지진의 위협과 지방소멸에 대한 대응 방향을 논의하였다. 제4장은 우리의 쇠약해지고 있는 경제성장 동력의 회복 방향과 경제민주화의 실현 방향을 중심으로 하여 정리하였다. 제5장은 이 책의 결론 부분으로 한반도의 평화 정착을 위한 방향과 대한민국의 정체성 확립 방향에 대하여 논하였다.

내가 좋아하는 프랑스 격언이 있다. "이 땅은 조상으로부터 물려받은 것이 아니고, 후손으로부터 잠시 빌려 쓰고 있는 것이다." 맞다. 후손들에게 땅심(地力) 높고 오염되지 않은 좋은 땅을 물려줄 수 있어야 좋은 조상이 된다. 그러려면 산업화 세대와 민주화 세대로 나뉘어 망국적인 진영 논리로 외면하고 있는 이 땅의 어른들이 다시 손을 맞잡고 힘을 모아야 한다.

이제 며칠 지나면 아내가 저세상으로 간 지 6개월이 된다. 항상 한두 발자국 뒤에 서서 조용히 챙겨 주던 아내가 보이지 않는데도 나는 내가 해야 할 일을 찾아서 최선을 다해서 해내고 있다. 아내가 뒤에서 지켜보고 있음을 느끼고 있기 때문이다.

새로 이사한 노인복지주택에서 만난 좋은 이웃들의 따뜻한 격려와 보살핌이 큰 힘이 되었다. 만년필로 흘려서 써 내려간 글을 정성스럽게 입력해 준 블루밍 더 클래식의 김세영 주임에게, 그리고 보기 좋은 책을 만들어 주신 도서출판 해남의 노현철 대표님과 직원 여러분의 노고에 감사드린다.

내 생애에 마지막이 될지도 모르는 49번째 책을 아내 조숙자의 영전에 바친다.

2023. 10.

검단산이 보이는 새 서재에서 82세 생일날에

성 진 근

차례

제 4 장 경제성장 동력, 어떻게 되찾을 것인가?

제 5 장 한국의 정체성 바로 세우자

표 차례

그림 차례

1 사람 냄새 나는 동네가 직면한 새로운 위기

1. 양상추 세상 이야기
2. 성쇠(盛衰)의 고비에 내몰린 코리아
3. 위기를 기회로 바꾼 역사적 사례

1. 양상추 세상 이야기

샐러드로 많이 이용되는 양상추는 결구(結球)상추 또는 통상추라고도 한다. 양상추는 강원도와 제주도에서 사계절 재배된다. 더운 여름철에 양상추는 때때로 기상 재해를 입게 된다. 뜨거운 햇볕에 결구 속에 고여 있던 물방울이 데워져서 상춧잎이 짓물러 버리는 일이 종종 일어나기 때문이다. 상품성이 떨어지는 양상추는 현장에서 폐기된다. 살아남은 양상추 가격은 공급 부족 때문에 2~3배씩 가격이 폭등하게 되는 것이 예사다.

양상추의 대량 소비자는 햄버거 제조업체다. 최종생산물인 햄버거 가격은 판매 가격이 사전에 정해져 있다. 이 때문에 양상추 납품업체와 납품단가 계약을 체결하고 연중 필요한 양상추를 일정한 가격으로 공급받는다. 납품업체는 양상추 재배 농가와 계약 재배를 통하여 필요 수량을 확보하게 된다.

그런데 양상추 농사가 흉년이 들게 된 것이다. 산지(產地) 가격은 2~3배나 뛰어올랐고 그나마 물량마저 확보하기도 어려워졌다. 계약 물량을 제때, 제 가격으로 납품하기가 어려워진 납품업체 대표는 심각한 경영위기에 직면하였다. 그동안 일구어 온 사업 기반마저 포기하고 심지어 야반도주까지 생각할 정도로 사태를 수습할 수 없었기 때문이다.

밤새 고민하던 대표는 물에 빠진 사람이 지푸라기라도 잡는다는 심정이 되어 평소에 알고 지내던 원로 교수를 찾아뵙고 하소연을 하였다. 아무 말 없이 저간의 사정을 듣고 있던 노교수가 무거운 입을 열었다.

"우리가 사는 여기는 사람 냄새가 나는 동네일세."

"……?"

"산지 농가들을 찾아뵙고 진정성을 갖고 사정을 설명해 도움을 요청해 보게나. 아무리 절망적인 상태라 할지라도, 사람 냄새 나는 동네에서 같이 숨 쉬고 살아가는 사람들의 선의(善意)에 호소해서 길을 찾아보잔 말일세."

"개별적으로 만나거나, 전화로 염치없는 부탁을 해보긴 했는데 반응이 영 싸늘했어요. 휴우…"

"당연히 그랬을 테지. … 그렇더라도 최악의 선택을 하기 전에 성의를 다해 마련한 대안을 얼굴 맞대고 말씀드려 보게나."

어렵사리 마련된 생산 농가들과의 마을 영농회관 회의장에서 납품업체 대표는 최후의 제안을 하였다.

"제가 빵 회사에 납품하는 판매 가격으로 여러분의 양상추를 사겠습니다. 그리고 수확비와 가공비, 운반비 등 비용 일체를 제가 개인적으로 부담하겠습니다."

놀랍게도 납품업체 대표의 제안은 수용되었다. 농가들은 당시 시중 가격의 절반 수준의 가격으로 양상추를 판매하는 데 어렵사리 동의해 준 것이다. 이 소식을 접한 햄버거 제조업체 대표는 운반비를 기꺼이 부담해 주었다. 납품업체 대표는 양상추 수확과 가공에 따른 비용을 부담하면서 최소한의 비용으로 폐업의 위기를 탈출하였다.

그림 1-1 양상추 수출 행사 플래카드

경 **청정 명품 횡성 양상추 대만 수출 선적기념** 축

2023년 5월 17일 (수)

횡성군, 명일영농조합법인, BTL, KMTC, 고려해운

사람 냄새 나는 동네에서 살고 있는 착한 사람들이 조금씩 양보하면서 힘을 모아 현명하게 위기를 넘긴 것이다. 금년(2023)은 양상추 작황이 매우 좋았다. 수요는 일정한데 공급이 증가하면 당연히 가격은 폭락하게 된다. 신선채소는 보관에 따른 비용도 많이 들고, 신선도가 저하되면 상품성도 떨어지기 때문이다. 고민 끝에 납품업체 대표는 양상추 수출을 추진하였다. 우여곡절 끝에 강원도산 양상추 1,000톤(10 컨테이너)을 86만 달러에 대만으로 수출하는 수출계약을 성사시켰다.

수출은 양상추의 산지 가격 안정화에 적지 않은 기여를 하였다. 생산 농가들도 몇 년 전 손실 판매의 보상을 받게 되었다고 고마워하였다. 사람 냄새 나는 동네에서는 기적 같은 일들이 연이어서 일어나고 있다. 그래서 사람 사는 동네는 지구촌 구석구석에서 오늘도 늘썩이고 있다.

국제통화기금(IMF)은 한국의 2023년도 경제성장률을 1.4%로 예상하였다(2023. 10). 이는 전 세계 경제성장률(3.0%)보다 낮은 수치로 우리 경제의 저성장 구조가 이대로 정착되는 것은 아닌지 크게 우려된다. 왜냐하면

그림 1-2 IMF의 2023년 세계 및 한국 경제성장률 전망치 (단위: %)

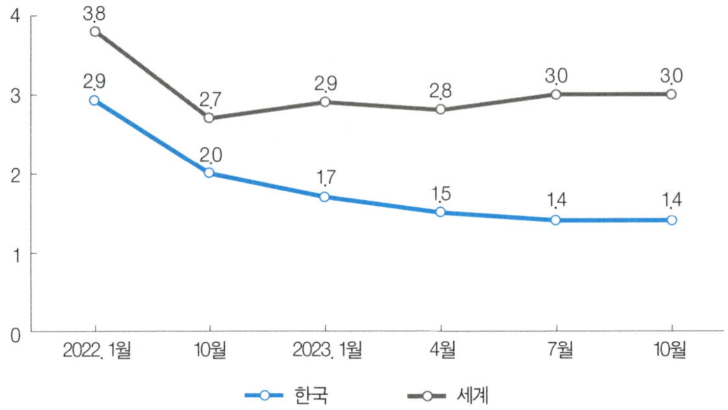

자료: 기획재정부 국제금융국, 2023. 10.

수출 부진과 함께 고금리와 고물가로 인한 내수(內需) 부진이 투자 부진으로 이어지고 있는 데다가, 경제활동 인구가 인구 감소 현상 때문에 계속 줄어들어서 우리 경제의 성장 잠재력이 크게 위축되고 있기 때문이다.

특히 우리 경제의 고도성장을 견인해 온 국민들의 일하려는 의지(will to economize)가 약화 내지 훼손된 것이 가장 큰 문제이다. 우리 경제는 절대빈곤 상태를 극복하기 위해서 선성장 후분배(先成長後分配)를 내걸고 고도의 경제성장 시대를 지내 왔다. 그리고 마침내 선진국 진입에 성공하였다.

그러나 성장의 열매는 대부분 소수의 재벌기업에 귀속되는 결과로 나타났다. 대다수 국민은 성장의 열매를 분배하는 과정에서 경제적 약자의 몫을 보다 키워야 한다는 주장에 공감한다. 즉, 경제 민주주의 실현을 요구하는 목소리에 공감하고 있는 것이다.

여기에 일부 정치권이 가세하여 인기 영합적인 정책들을 쏟아 내고 있다. 성장보다는 분배를 더 중시하는 이른바 좌파 정치인들이 각종 선거에서 승리할 확률이 높은 것도 이 때문이다. 그런데도 불구하고 집권 여당이나 대통령의 대국민 호소나 설득 노력은 찾아보기 어렵다. 그러나 성장이 없이는 좋은 분배도 지속할 수 없다. 나누어 먹을 빵 덩어리가 작아지는데, 빵 크기를 같거나 더 크게 하려면 결국 나랏빚을 키울 수밖에 없기 때문이다.

IMF는 긴축 기조를 유지하고 재정 건전성 확보를 강하게 요구하고 있다. 이미 5차례나 IMF 구제 금융을 받은 아르헨티나 좌파 정권의 실패 전철(前轍)을 우리가 따라 할 수는 없지 않은가?

이 땅의 정치권이 대오각성(大悟覺醒)해야 한다. 국민 경제의 지속적인 성장을 추구하는 큰 틀을 유지하면서, 분배 정의를 실현할 수 있는 길을 찾아내야 한다. 지금 실기(失期)하면 우리는 후손들에게 가장 못났던 조상(祖上) 세대로 기억될 수밖에 없다는 것을 뼈 아프게 인식해야 한다.

대한민국의 모든 산업 현장을 양상추 세상 같은 사람 냄새 나는 동네로 만들어 내야 한다.

“우리는 아직도 배가 고프다.” 2002년 월드컵에서 한국을 4강으로 이끌었던 히딩크 축구 감독의 유명한 말이다. 한국 경제는 비록 선진국 진입에 성공하였지만 앞으로 더욱 성장해야 한다. 이 나라는 현재 세대뿐만 아니라 우리의 다음 세대도 번영하면서 살아가야 할 한민족의 터전이기 때문이다.

2. 성쇠(盛衰)의 고비에 내몰린 코리아

1) 한반도의 인구 증가 추세가 멈춰섰다

우랄알타이산맥에서 출발한 한민족의 조상들은 보다 살기 좋은 삶의 터를 찾기 위해서 해 뜨는 동쪽 방향을 향하여 끊임없이 이동하였다. 마침내 바다(동해)에 가로막혀 더이상 나갈 데가 없는 한반도에 자리를 잡고, 마을을 이루고 나라를 세웠다. 이 땅은 토질이 기름지고 사계절이 분명해서 농사짓고 살기에 좋았다. 자손들은 번성하였고, 문화는 융성하였다. 고조선에서 부여로, 다시 고구려, 신라, 백제의 삼국 시대를 거쳐서 통일신라 시대에 하나의 국가로 모였다. 이어서 고려, 조선, 일본 식민지 시대를 거쳤지만, 해방 후 대한민국과 조선민주주의인민공화국 두 나라 체제로 다시 나뉘었다. 그러나 남북한이 같은 말과 글을 쓰는 동족임은 누구도 부인할 수 없다.

한반도의 인구는 기원년(A.D. 1) 160만 명에서 1000년에는 390만 명,

그림 1-3 최근 20년간 남북한의 인구 변화(2001~2021) (단위: 만 명)

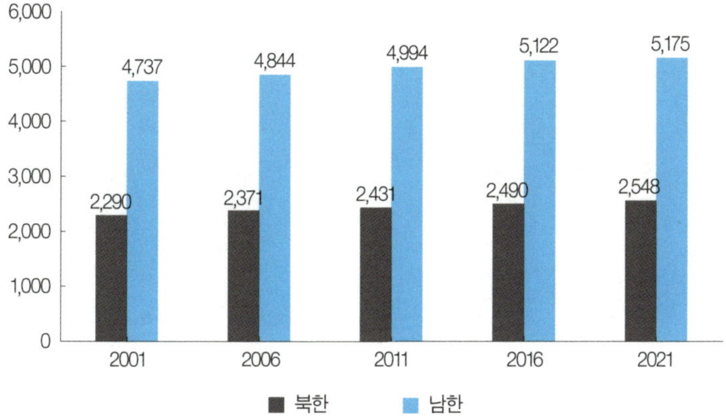

자료: 통계청, 『2022 북한의 주요 통계지표』, 2022. 12.

1500년에는 800만 명, 1900년에는 1,700만 명, 일제강점기였던 1940년에는 2,900만 명으로 증가하였다. 1953년에 발발한 한국전쟁을 거친 이후, 남북한은 치열한 체제경쟁을 치르면서 인구가 증가해 왔다. 2001년의 남한 인구는 4,737만 명, 북한 인구는 2,290만 명이었는데, 20년이 지난 2021년의 남한 인구는 5,175만 명, 북한 인구는 2,548만 명으로 남한이 북한보다 2배 정도 많았다.[1] 지난 20년(2001~2021) 동안에 남한 인구는 9.2%, 북한 인구는 11.3%가 각각 증가한 셈이다.

1) 통계청, 『2022 북한의 주요 통계지표』, 2022. 12.

그림 1-4 **최근 10년간 남북한의 연령계층별 인구수 분포(2011~2021)**

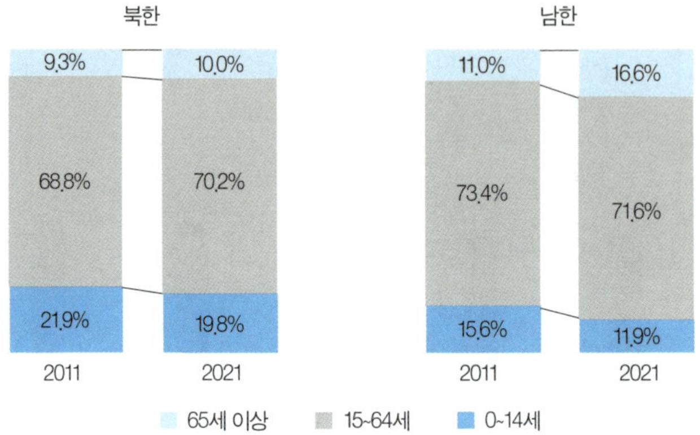

자료: 통계청, 『2022 북한의 주요 통계지표』, 2022. 12.

그러나 2020년 대비 2021년 남한 인구는 9만 명이 감소한 반면에, 북한 인구는 11만 명이 증가하였다. 따라서 2021년의 남북한 인구수 7,465만 명을 정점으로 하여 한반도의 인구는 정체 내지 감소 추세로 진입하고 있다고 할 수 있다.

최근 10년간(2011~2021) 남북한 인구 구성비의 변화를 살펴보면, 북한의 0~14세 유소년층 인구 비중은 21.9%에서 19.8%로 약간 낮아졌지만, 남한은 15.6%에서 11.6%로 현저하게 낮아졌다. 또한 북한의 65세 이상의 고령층 인구는 9.3%에서 10.0%로 약간 높아졌지만, 남한은 11.0%에서 16.6%로 크게 높아졌음을 알 수 있다. 최근에 급속하게 진행되고 있는 남한의 출산율 저하와 고령화 추세가 반영된 모습이다([그림 1-4]).

(1) 낮아지는 출산율과 초고령 사회로의 진전

영국 옥스퍼드대학 인구문제연구소는 2016년 당시 한국의 합계출산율[2) 1.17을 기준으로 한국이 지구상에서 가장 먼저 사라지는 국가가 될 수 있다고 추정하였다. 우리 정부는 저출산·고령화 대책을 세우고 2006년부터 15년간 국민혈세 380조 원을 투입하여 대응하고 있다. 그러나 그 이후로도 출산율은 더욱 떨어져서 2022년에 한국의 출산율은 세계에서 가장 낮은 0.78이 되었다.

인구 변천 과정을 살펴보면, 제1차 산업혁명 이후 의학 기술과 보건위생제도의 발달로 사망률이 낮아졌다. 출생률과 사망률의 차이가 벌어지면서 인구가 현저하게 증가하기 시작하였다. 이에 대처하기 위해 가족계획 보급[3)]이 진행되었고, 그 결과 출생률이 낮아지고 인구의 자연 증가율도 낮아지기 시작하였다.

예수 탄생 무렵(A.D. 1) 2억 명 정도였던 세계 인구는, 제1차 산업혁명

2) 한 여자가 가임 기간(15~49세) 동안에 낳을 것으로 기대되는 평균 출생아 수를 말한다. 현재 수준의 인구를 유지하기 위해서는 2.1명의 출산율 수준이 유지되어야 한다고 한다.

3) 50년 전에 우리나라 정부는 한국전쟁 이후 이른바 '베이비 붐'으로 불리는 급속한 인구 증가를 억제하기 위하여 "둘만 낳아 잘 기르자" 운동을 비롯하여, 예비군 훈련 소집을 면제해 주는 조건으로 정관수술을 권장하기도 하였다.

시대(1700)에는 10억 명, 제2차 산업혁명 시대(1900)에는 20억 명, 1974년에는 40억 명, 그리고 2022년에는 다시 두 배인 80억 명으로 증가하였다. 그리고 이로부터 15년 이후(2037)에는 90억 명, 다시 20년 이후(2057)에는 100억 명으로 증가하게 될 것으로 UN에서는 예측하고 있다.[4]

기원년(A.D. 1)에 160만 명으로 추정되는 한국 인구는 1700년에는 1,200만 명으로, 그리고 1940년에는 2,900만 명으로 증가하였다. 해방 이후 이승만 대통령은 "친애하는 남북한 3,000만 동포 여러분…"으로 대국민 라디오 방송 연설을 시작하였는데, 80세 이상의 노인들은 모두 이를 기억하고 있다. 일본 식민지 시대로부터의 해방(1945)과 한국전쟁(1953)을 거치면서 2021년 남한 인구는 5,175만 명, 북한 인구는 2,548만 명으로 증가하였다. 그런데 최근의 지나치게 낮은 출산율 때문에 한국이 지구상에서 사라지는 첫 번째 국가가 될 것이라고 영국의 인구문제연구소가 경고한 것이다.

한국은 높은 인구 밀도, 인구의 과도한 도시 집중, 교육경쟁 과열 등 세 가지 현상이 공간 밀도를 높임으로써 마침내 세계에서 가장 출산율이 낮은 국가로 전락하였다. 그렇다고 한국이 사라진다는 것은 엄청난 비약이다. 인구 과잉으로 인한 과당경쟁이 유발하고 있는 저출산 문제는 인구가 감소하면 저출산 유발 요인의 감소에 따라 저절로 해소될 수 있다. 저

4) United Nations, *World population prospects: The 2022 Revision*.

그림 1-5 우리나라 인구분포도의 변화 (단위: 세, 만 명)

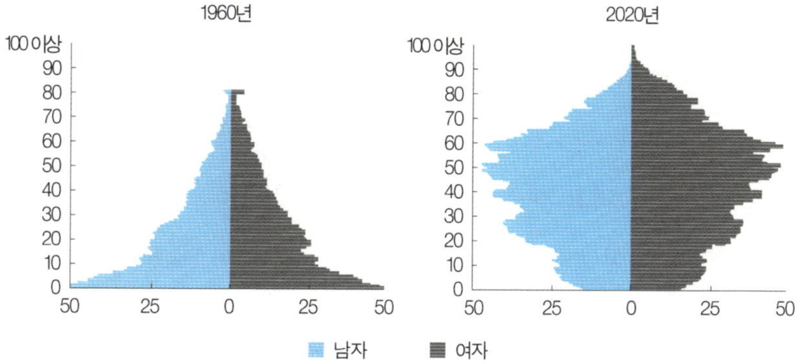

자료: 통계청, 「통계지리정보서비스」.

출산으로 인구 밀도가 현시점에서 줄어드는 것은 오히려 반길 일이기도 하다. 인구 과밀로 인한 자원 고갈과 환경 오염이 초래하고 있는 위험을 경감시킬 수 있기 때문이다. 또한 저출산으로 경제활동인구가 줄어들어도 인공지능을 갖춘 로봇이나 개발도상국 인력을 활용해서 이를 극복해 나갈 수 있기 때문이다.

문제는 인구부양비(dependency ratio)가 커지는 데 있다. 출산율의 급격한 하락과 수명 연장으로 인한 고령화는 인구분포도를 크게 변화시켰다. [그림 1-5]와 같이 유소년층 인구는 줄어든 대신에, 고령층 인구는 많아지는 역피라미드 형태로 바뀌게 된 것이다.

그러므로 인구 문제의 핵심 과제는 줄어드는 소수의 청년층이 일해서 늘어가는 다수의 노년층을 부양해야 하는 문제가 된다. 인구부양비는 생산연령인구(15~64세)에 대한 유소년층(0~14세)과 노년층(65세 이상) 인구의 비중을 말하는데, 여기에서 출산율이 낮은 만큼 유소년층 인구보다는 노년층 인구 부양 문제가 핵심적인 과제가 된다. 우리나라의 출산율은 2022년 기준으로 역사상, 그리고 지구 각 국가 중에서 최저 수준인 0.78명으로 떨어졌다. 그리고 65세 이상의 고령인구 비율은 2025년에 20.3%에 이르러 마침내 초고령 사회로 진입하게 된다. 이에 따라 고령인구는 전체 인구의 43.9%를 차지하게 될 것이다. 이 결과 생산연령인구 100명당 부양해야 할 노인 인구수는 2036년에는 51명, 2060년에는 91.4명으로 증가하게 될 전망이다.

이렇게 크게 증가하고 있는 노령층 인구 문제는 우리 사회의 핵심 과제로 떠오르고 있다. 산업 현장에서 야기되고 있는 근로 인력 부족 문제와 함께 소수의 생산연령인구가 다수의 노령층 인구를 부양해야 하는 부담을 줄여 주는 문제가 바로 그것이다.

(2) 가시화되고 있는 지방소멸 시대

지방소멸 위험지수가 새로 발표되면서 세간의 관심을 끌고 있다. 이 지수는 인구의 재생산 능력을 나타내는데, 특정 지역에 거주하는 20~29세 연령층의 가임(可妊) 여성 인구수를 65세 이상의 여성 인구수로 나눈 값으로 계산된다. 이 지수의 특정 연도 계산 값이 0.5 미만이면 소멸 위험 지역으로 분류되고, 0.2 미만이면 소멸 고위험 지역으로 분류된다. 그런데 최근 이 지숫값이 계속 악화되고 있어 우리 사회의 큰 문제로 떠오르고 있다.

전국 228개 시군구 중에서 소멸위험지수가 0.5 미만인 소멸 위험 지역은 2017년에는 37.3%에 해당하는 85곳이었는데, 2021년에는 106곳(46.5%)으로 증가함으로써 전체 시군구의 절반 수준에 육박하고 있다. 소멸 고위험 지역은 2020년의 23곳에서 2021년에는 36곳으로 증가 속도가 더욱 가파르다.

이러한 사태는 바로 인구의 수도권 집중 현상 때문에 발생하고 있다. 우리나라의 수도권(서울, 인천, 경기) 인구수는 2021년 현재 전체 인구의 50.2%로 절반을 이미 넘어섰다. 일본이 「지방창생법」(地方創生法)까지 내놓으면서 일극(一極) 체제라고 비난하고 있는 도쿄권 4개 광역단체 인구는 전체 인구의 29%에 불과하다. 여기에다 오사카권 4개 광역단체(14%)와 나고야권 3개 광역단체(9%)를 합친 일본의 3대 도시권 인구의 비중이 52%인 점을 감안하면 우리나라 인구의 수도권 몰림 현상은 매우 심각한 수준이다.

수도권에 인구 집중 현상이 지속되는 이유는 좋은 일자리 기회로 대표되는 소득기회뿐만 아니라, 교육 및 의료를 비롯한 좋은 소비기회마저 수도권에 집중되어 있기 때문이다. 수도권 인구 밀집을 유발하고 있는 서울의 과잉인구는 유례없는 저출산의 동기를 제공하고 있기도 하다. 지방의 청년층 인구는 해가 갈수록 수도권으로 유출된다. 결혼해서 아이를 낳는 연령대 인구가 줄어들다 보니 태어날 아이도 줄어들 수밖에 없고 줄어든 아이마저 일자리가 많은 수도권으로 가는 악순환 때문에 지방의 인구는 줄어들 수밖에 없다.

그렇다면 서울은 늘어나는 청년층 인구에도 불구하고 왜 출산율이 0.58로 전국에서 가장 낮은가? 결혼은 정착생활을 의미하는데, 만약 부모의 도움이 없다면 서울의 집값은 매우 높아 '내 집'을 장만할 수 있는 청년들이 적다. 그러므로 서울의 출산율은 낮아지게 마련이다. 또한 경제 상황이 점점 안 좋아질수록 사람들은 대도시로 몰려든다. 왜냐하면 지하철, 도서관, 공원 등 생활을 편리하게 해주는 서비스를 낮은 비용으로 누릴 수도 있고, 그런 서비스 제공 관련 일자리도 쉽게 찾을 수 있기 때문이다. 그러나 경제 상황이 좋지 않기 때문에 청년들은 아이를 낳아서 키우는 것을 더욱 회피하게 된다. 예컨대, 서울 관악구에 있는 달동네의 원룸 전세 보증금은 지방 소도시 소재의 작은 아파트 가격보다 비싼 경우가 허다한데도 사람들은 지방으로의 이전을 거부한다. 가난하니까 서울에서 사는 것이 수입 면에서 오히려 이득이 된다라는 생각 때문이다. 그러나 하루 벌어 하루 사는 생활 탓에 저축의 여유도 작을 뿐만 아니라, 막대한 교육비를 감당할 자신이 없어서 아이 낳아 기르기를 포기할 수밖에 없다는 것이다.

이에 따라 서울의 출산율은 전국에서 제일 낮다. 또한 아이를 낳고 기를 수 있는 청년층 인구는 갈수록 줄어들기만 할 뿐이므로 지방인구 감소 추세 역시 계속될 수밖에 없다.

(3) 인구 지진으로 인한 사회 붕괴의 위협이 시작되고 있다

우려하였던 '인구 재앙 현상'마저 가시화(可視化)되고 있다. 대한민국 인구는 2021년부터 순감소를 시작하였다. 당초 추산연도(2028)보다 8년이나 앞당겨 인구 감소가 시작된 것이다. 통계청이 발표한 '장래 인구추계(2020~2070)'에 따르면, 우리나라 총인구는 2020년 5,184만 명에서 2030년 5,120만 명 수준으로, 그리고 2070년에는 3,766만 명(1979년 수준)으로 줄어들게 될 것으로 예측하고 있다. 무엇보다 큰 문제는 생산연령인구의 가파른 감소세다. 생산연령인구는 2020년의 3,788만 명에서 2030년에는 3,381만 명으로, 다시 2070년에는 46% 수준인 1,737만 명으로까지 줄어들 것으로 전망된다는 것이다.

일할 사람은 줄어드는 반면에 부양받을 사람은 늘어가는 현상이 바로 인구 재앙이다. 인구 감소를 막기 위한 정부 정책도 실패하고 있다. 2006년부터 '저출산·고령사회 기본계획'을 세웠고 그동안 380조 원이 넘는 예산을 투입하였다. 그렇지만 합계출산율은 2006년 당시의 1.13명에서 2023년에는 세계 최저 수준인 0.78명으로까지 지속적으로 떨어졌다.

왜 청년들은 아이 낳기를 거부하는가? 아예 결혼을 꺼리고 기피하는가? 양질의 일자리는 한정되어 있고, 부동산과 교육비 등의 고비용 구조는 쉽게 바뀌지 않고 있다. 이를 변화시키기 위한 노동 개혁, 연금 개혁, 공공 부문 개혁도 규제, 차별, 기득권 장벽에 막혀서 지지부진하다. 정치권의 갈등해결 능력마저 편가르기에 매몰되어 볼썽사납게 대립하는 모습만 연출하고 있다.

아기 울음소리가 그치지 않고 사람 냄새 나는 마을로 우리 사회를 어떻게 변화시켜야 할 것인가? 무엇보다, 육아(育兒)하기 좋은 사회 환경부터 만들어 나가야 한다. 이를 위해서는 아이를 낳고 기를 수 있는 환경부터 서둘러 만들어야 한다. 결혼한 여성도 직장에 다니면서 자아실현을 할 수 있는 여성 친화 사회, 낳은 아이를 사회가 길러 주는 육아 지원 환경을 갖춘 사회, 비싼 사교육비(私敎育費)를 쓰지 않고도 양질의 교육을 받을 수 있는 사회, 그리고 사회 초년병도 좋은 주거 환경에서 거주할 수 있는 집 구하기 좋은 사회 환경을 국가가 총력을 기울여서 갖추어 나가야 한다.

청년들이 주어진 현실에 좌절해서 결혼을 꺼리고 출산을 기피하면 사회는 저활력, 저성장의 늪에서 도저히 탈출할 수 없다. 인구가 감소하면 창업하는 사람이 줄어드니 일자리도 쪼그라든다. 이렇게 되면 성장이 둔화되고 소득이 줄어든다. 소득이 줄어들면 젊은 층이 결혼을 꺼리거나 아이를 낳지 않으려 한다. 결국 우리 사회는 인구 감소 → 성장 둔화 → 소득 감소 → 인구 감소의 악순환에 빠져들게 된다. 이 때문에 인구 감소가 지진에 못지않게 나쁜 영향을 줄 수 있다는 뜻으로 영국의 인구 학자 폴 월리

스는 인구 지진(age-guake)이라는 표현을 쓰기도 하였다.[5)]

한국이 초고령 사회로 진입하게 되는 2025년까지 불과 2년밖에 남지 않았다. 2년 뒤에는 전체 인구의 20% 이상을 65세 이상의 고령자가 차지한다. 그리고 청년층(19~34세) 인구가 고령층 인구보다 적어지는 '데드크로스'(dead cross) 현상마저 발생한다. 그리고 매년 50만 명가량이 추가로 고령 인구로 편입된다. 초고령 사회로 진입하면 가장 큰 문제는 경제활동 세대의 경제적 부담이 급속하게 커지게 된다는 점이다. 1,000만 명을 넘는 고령자를 위한 복지 비용을 부담하는 것이 이들의 몫이 되기 때문이다. 더욱 기가 막히는 것은 막상 이들이 은퇴할 때쯤에는 이들의 노후 생활비를 보태 주어야 할 국민연금의 고갈이 예고되고 있다는 점이다.

현재 한국 사회의 중위 연령은 45세이다. 중위 연령은 인구 구조의 무게 중심에 해당한다. 현재 한국의 40대는 높은 집값과 전셋값에 위축되고, 아직도 한참 남은 자녀 교육을 뒷받침하는 데 허덕이면서 결국 노후 준비를 할 만한 경제적 여유마저 부족한 실정이다. 고령 사회로 진입할수록 내수시장 성장은 정체되고 연금 재정은 악화되어 갈 것이다. 이에 따라 세대 간 갈등의 골은 더욱 깊어질 것이다. 정치권은 막대한 빚(국채)을 동원하여 대응하고 있을 뿐, 당장 발등의 불로 떨어진 '연금 개혁'조차 외면하고 있다. 그러

5) 폴 윌리스는 인구 지진의 파괴력에 대해 강도가 9.0에 달할 것이며, 베이비 붐 세대가 은퇴하는 2020년쯤부터 세계 경제는 크게 영향을 받게 될 것으로 예측하였다.

나 고갈되고 있는 연금 재원 보충을 위해서 정부가 계획하고 있는 국채 발행 역시 청년들의 미래를 담보로 해서 얻게 되는 재원임을 유념해야 한다.

(4) 반사회적(反社會的) 소영웅주의마저 돌출하고 있다

서울 관악구 신림역에서 칼부림 사건이 벌어진 이래, 경기도 분당 서현역 일대에서도 흉기를 휘둘러 무고한 시민 14명을 다치게 한 사건이 발생하였다. 또한 서울, 경기, 부산 지역에서도 범행 지역과 시간까지 특정해서 흉기 난동을 예고하는 글이 연이어서 올라오고 있어 시민들의 불안감을 증폭시키고 있다. 지하철역이나 백화점 같은 시민들의 일상적인 생활 공간에서 불특정 다수의 시민을 대상으로 하였다는 점에서, 그리고 시중에서 손쉽게 구할 수 있는 흉기를 이용해서 범죄를 저질렀다는 점에서 시민들이 받는 충격은 크다.

이뿐만 아니다. 초등학교 교사가 가르치는 제자에게 폭행을 당한 사건마저 발생하였다. 이러한 크고 작은 교사 폭행 사건은 전국 곳곳에서 계속 이어지고 있어서 교사들의 시위 때, 오죽하면 "교권(교사의 교육권)을 보호하라"라는 구호까지 등장하였겠는가?

한국전쟁 이후, 폐허로 변한 삶의 터에서 굶기를 밥 먹듯이 하던 피난 시절에도 이런 일은 없었다. 미국에서 원조해 준 밀가루·우유 가루 배급을 받을 때도 질서 있게 기다릴 줄 알았다. 힘없는 노인과 부녀자에게 순서를 양보하는 미덕은 보통이었다. 아무도 강요하지 않아도 도덕적 질서가 우리의 공존 공간에서 발현되었고, 외부의 제재가 없어도 콩 한 톨을 나누어 먹는 이웃 사랑을 실천하였다. 사람 냄새 나는 동네에서 발현(發顯)된 앞에서 끌어 주고 뒤에서 밀어 주는 협동 정신이야말로 역사상 998번의 전쟁이 일어난 이 땅에서 우리 민족의 삶의 끈을 이어 가게 해준 소중한 원동력이었다.

대한민국에서 왜 이런 일들이 그치지 않고 일어나고 있는가? 우리나라는 2019년에 국민소득 3만 달러 이상, 인구 5,000만 명 이상의 조건을 충족시키는 30-50클럽 7개국에 당당히 포함되었다. 그러나 미국의 원조로 먹고 살았던 절대빈곤 국가에서 선진국으로 발돋움하는 과정에서, 가진 자와 못 가진 자로 나누어지는 빈부(貧富) 격차 문제가 심각해졌다. 이른바 사회 양극화 현상의 심화가 그것이다. 아무리 열심히 일해도 계층 이동의 기회를 잡기 어렵다는 좌절감에 빠져 현실에 대한 불만이 폭발 직전의 임계치(臨界值)에 이른 국민들도 많을 것이다. 또한 매스컴에 자기 존재를 알리려는 엉뚱한 자기 과시 욕구(自己誇示慾求)도 작용하였을 것이다. 보다 나은 미래상을 제시하고 이를 위한 정책개발보다는 자기 패거리의 안위와 자신에게 떨어질 떡고물(이권) 확보에만 혈안이 된 한심한 정치권을 비롯한 사회 지도층에 대한 절망감도 작용하였을 것이다. 그렇다고 해서 선량한 이웃을 무차별적으로 해치는 이런 일이 일어나게 해서는 안된다.

무엇이 이런 몹쓸 행위를 유발하고 있는지 찾아내서 그 원인부터 철저하게 고쳐 나가야 한다. 강대국들의 자국 우선주의적 정책이 강화되고 있는 현시점에서 부존자원도 없고 시장마저 좁은 대한민국이 번영을 계속할 수 있는 길은 공동체 의식의 강화에 기반을 둔 사람(국민들)의 경쟁력 강화 외에 다른 무엇이 있겠는가?

2) 한반도의 국부성장도 멈춰섰다

1953년 휴전으로 끝난 한국전쟁 이후, 남북한은 70년간 체제경쟁 시대를 유지해 왔다. 이 결과 남과 북 두 나라 국부(國富)의 크기나 국민의 삶의 모습은 확연히 달라졌다. 1960년의 북한 국민 1인당 소득은 137달러로 남한 국민 1인당 소득(94달러)보다 1.5배나 많았다. 그러다가 1970년대 초반에 남북한 국민소득의 역전 현상이 일어났다. 그 이후로도 계속된 남북한 간의 경제성장률 격차로 인해서 남북한 국민의 1인당 소득 격차는 1995년에는 12배, 그리고 20년이 지난 2015년에는 23.5배로 점차 더 벌어졌다. 2020년 이후 코로나 팬데믹에 대응하는 과정에서 북한 정부가 선택한 국경 폐쇄 조치 등의 영향으로 북한 경제는 2년 연속으로 음(-)의 성장실적을 보였다.

한국은행의 추정 결과에 따르면, 지난해(2022) 북한의 1인당 국민소득(GNI)은 143만 원으로 남한(4,248만 7,000원)의 3.4% 수준으로 떨어졌다. 이

표 1-1 남북한 국민총소득의 변화 추이 (단위: 1,000달러)

		1970년	1980년	1990년	2000년	2010년	2020년
인구수 (천 명)	남한	32,241	38,214	42,869	47,008	49,554	51,821
	북한	14,901	17,622	20,221	23,702	24,187	25,887
한국 국민총소득(A)		265,466,868	305,140,590	722,009,548	819,876,880	1,203,553,266	1,541,503,919
북한 국민총소득(B)		5,536,461	11,100,212	16,705,529	10,592,558	13,959,676	16,387,014
비율(배) A/B		47.9	27.5	43.2	77.1	86.2	94.1

자료: 성진근, 『성장과 분배, 그러나 공정』, 2021.

에 따라 남북한 국민의 1인당 소득 격차는 2022년에는 29.7배로 더욱 확대되었다. 그리고 국민총소득(명목 GNI)은 남한의 1/60 수준으로 줄어들었다. 한반도의 북쪽에서는 사하라 이남 아프리카 국민과 비슷한 낮은 소득 수준으로 하루하루를 힘겹게 사는 반면에, 한반도 남쪽에는 부유한 선진 유럽 국가의 국민 못지않은 소득 수준을 누리고 있을 정도로 큰 격차가 생긴 것이다. 겨우 반세기(1970~2020)만에 남북한 주민의 1인당 소득은 30배 차이가 날 만큼 벌어졌다. 나라마다 경제적 성패가 갈리는 이유는 무엇보다 경제제도와 운용에 영향을 주는 규칙, 즉 국민에게 일할 동기를 부여하는 유인(incentives)이 다르기 때문이다.[6)]

6) 대런 애쓰모글루·제임스 A. 로빈슨, 『국가는 왜 실패하는가』, 2012.

문제는 한반도의 국부성장을 이끄는 남한의 경제성장률이 최근 10년간 2~3%대의 저성장 기조를 유지해 오고 있다는 점이다. 남한 정부는 절대빈곤 상태를 벗어나기 위하여 오직 성장 하나만을 바라보고 1960~1980년대를 보내 왔다. "5,000년 묵은 가난, 5년 안에 벗어나자"라는 구호가 이를 잘 설명한다. 그러다가 IMF 외환위기에 부닥치면서 성장 못지않게 분배도 중요하다는 인식이 생겨났고, 2000년에 기초생활보장제가 처음 도입되었다. 이때부터 '성장 우선이냐, 분배 우선이냐'를 두고 사회가 두 편으로 갈라서기 시작하였다. 이른바 경제성장 지상주의로 상징되는 보수와, 소득분배의 불평등 현상 해소를 내건 진보 두 진영으로 남한 사회가 우파와 좌파로 갈리었다.

시장 경제를 이끌고 있는 '보이지 않는 손'(시장경제기구)은 시장경쟁에 참여한 각 경제 주체들의 능력에 따라서 경쟁의 결과를 배분하게 된다. 시장경쟁에는 크게 나누어서 자본과 노동이라는 두 가지 생산 요소를 대표하는 경제 주체가 참여한다. 그러나 경쟁의 결과로 두 주체에게 분배되는 몫의 크기는 자본에 대한 분배 비율이 노동에 대한 그것보다 높으며, 이는 역사적으로도 계속 높아져 왔다(피케티의 제2법칙).[7] 다시 말하면, 경제활동의 결과로 발생되는 성과물의 배분 비율이 노동 몫보다는 자본 몫의 크기

7) 토마 피케티, 『21세기 자본』, 2014.

가 상대적으로 더 크고, 그리고 계속해서 커져 왔다는 것이다.

여기에다 자본이 자본을 낳는 이른바 자본 세습주의마저 가세하게 되어, 가진 자(자본가)와 못 가진 자(노동자) 간의 소득 격차는 더욱 벌어지게 되고 결국 소득 불평등 현상은 심화될 수밖에 없다. 이러한 보이지 않는 손의 실패(시장 실패)를 시정하기 위해서 정부의 시장 개입이 요구되는데, 정부의 시장 개입 정도의 크기에 따라서 정부의 형태를 '작은 정부'와 '큰 정부' 체제로 나누기도 한다.

문재인 정부는 큰 정부 체제로의 전환을 통하여 소득 분배의 형평성을 도모하기 위하여 나섰다. 즉, 정부가 재정을 풀어서 직접 일자리를 만들고 최저임금을 올리고, 여러 명목의 현금 수당 지원을 확대하는 등의 이른바 소득주도성장 정책을 선택하였다. 말하자면 큰 정부 체제로의 전환을 통해서 소득 분배의 형평성을 강화하겠다고 나선 것이다. 재정을 풀면 가계 소득이 늘어나서 소비가 살아나게 되고 이에 따라서 경제가 성장하게 된다는 것이 소득주도성장 정책의 핵심 내용이다.

그러나 결과는 최악의 정책 실패로 귀결되었다. 문재인 정부 마지막 해인 2020년 4분기의 분배 악화 실태가 이를 입증하고 있다.[8] 2020년 4분기 가구당 월평균 소득은 전년 동기 대비 1.8%가 증가하였다. 근로소득과 사

8) 통계청, 『2020년 4분기 가계동향』, 2021. 6.

업소득은 각각 0.5%와 5.1%씩 감소하였지만 기초연금과 노년·청년 일자리 수당 및 코로나 재난지원금 등 온갖 명목으로 재정에서 직접 지원된 이전소득 때문이었다. 그러나 현재의 소득 수준과 관계없이 전 국민에게 지원하는 포퓰리즘적인 정책 지원 때문에 계층 간 소득 격차를 나타내는 이른바 5분위 배율은 2019년의 4.64배에서 4.72배로 더 확대된 것이다. 계층 간 소득 격차를 줄이겠다고 선택한 정부의 소득 직접 지원 정책이 오히려 계층 간 소득 격차를 보다 확대한 결과를 낳게 되었다.

한국전쟁을 거치면서 폐허로 변한 나라에서, 만성적인 기아 상태에 처한 대한민국 국민은 미국의 과잉 생산된 「잉여농산물 원조법」(PL480)에 의한 밀가루와 우유 가루 원조로 겨우 살아남았다. '일하고 또 일하는' 근로 정신 하나로 가발과 섬유산업 등 노동집약적 수출산업으로 외화를 벌어들였다. 불모지에서 이룩한 조선, 철강, 석유산업 등 중화학공업의 진흥으로 세계인이 경탄해 마지않는 '한강의 기적'을 일구어 내었다. 그리고 전자, 자동차 산업 등 첨단 공산품의 수출국으로 선진국 대열에 당당히 합류하였다.[9)]

그러나 여기까지였다. 절대빈곤 상태를 벗어난 국민들은 성장 제일주의(成長第一主義) 경제 정책의 선택으로 그동안 누적되어 온 성장과실(果實)의 불공평한 분배 결과와 경제력의 소수 재벌 집중 문제에 대한 불만과 반

9) 2020년 한국은 인구 5,000만 명, 1인당 국민소득 3만 달러 이상의 크고 잘사는 7개국(미국, 일본, 독일, 영국, 프랑스, 이탈리아, 한국)에 포함되었다.

발을 표출하기 시작하였다. 극심한 노사 갈등과 대기업의 횡포에 대한 중소기업의 반발이 대표적인 사례이다.

성장 지상주의를 내세웠던 보수 정권을 밀어내고 새로 들어선 민주화 정권은 특히 고용 등 기업의 경제활동에 관한 규제를 강화하기 시작하였다. 이른바 분배 우선을 앞세우는 반기업 정서가 만연한 가운데 한국 경제는 지난 10년간 2~3%의 저성장 추세를 계속하게 되었다.[10] 한국을 선진국으로 끌어올렸던 고도성장 시대는 저물어가고, 대신에 일본이 겪고 있는 '잃어버린 20년'의 악몽을 답습할 수도 있다는 우려마저 일반화되고 있는 실정이다. 이에 따라서 한반도의 국부(國富)를 사상 최고 수준으로 끌어올렸던 한국 경제의 침체로 한반도의 전체 국부의 성장도 멈추고 있다.

3) 미·중 간의 패권경쟁 속에 한국의 수출성장이 멈춰섰다

한국은 내수시장 규모가 너무 작아 수출에 많이 의존하고 있다. 그러나 최근 들어서는 수출마저도 크게 흔들리고 있다. 특히 그동안 한국의 무역수지 흑자국 1위였던 중국이 최근 들어서 무역적자 1위 국가로 전환되었다. 중국은 지난 2018년 한국의 무역 흑자국 1위(556억 3,600만 달러)이었

10) 최근 10년간(2013~2022) 한국의 경제성장률은 2~3% 범위로 세계 평균성장률 범위에 머무르고 있는데, 세계 평균성장률보다 낮은 해는 10년 중에서 5년이나 되었다.

는데, 2019년에는 2위, 2020년과 2021년에는 3위였다가 2022년 22위 국가(12억 1,300만 달러)로 밀려났다. 그리고 2023년 들어서 중국은 한국의 무역 최대 적자국으로 돌아서고 말았다. 이에 따라 우리나라 무역적자는 40조원에 육박하고 있다.

왜 이런 일이 일어나고 있는가? 미국과 중국 간의 경제 패권경쟁이 치열해지고 있는 가운데 한국의 주력 수출산업인 반도체 수출 감소가 몇 년째 이어지고 있기 때문이다. 국가주도형 경제성장을 추진하고 있는 중국은 그 전략의 일환으로 천문학적인 재원을 투입하여 '양쯔메모리'(YMTC)를 설립하는 등 이른바 반도체 굴기 정책(倔起政策)을 추진해 왔다. 그러나 미국은 이를 억제하기 위하여 첨단 반도체 제조 장비의 수출 억제 카드를 꺼내 들었다. 여기에 미국의 반도체법이 가세하여 반도체산업의 성장 동기마저 꺾어버리고 있다. 미국의 보조금 지원을 받는 반도체 기업은 앞으로 최소 10년간 반도체 분야에서 생산량을 5% 이상 증가할 수 없다는 정책이 그것이다.

중국의 성장을 견제하겠다는 미국의 이러한 정책 선택 때문에 생산된 반도체의 60%를 중국으로 수출하고 있는 한국의 전자산업(삼성과 SK의 중국 내 공장 포함)은 수출 감소라는 큰 시련에 직면해 있고, 동시에 수출 주력 산업의 부진 때문에 한국 경제의 성장마저 제약당하고 있는 것이다. 또한 미국의 중국 태평양 포위 작전(대만, 인도, 일본, 미국)에 한국이 최근에 동조함으로써 중국의 큰 반발에도 직면하고 있다.

중국의 반발이 또 다른 '한국 때리기'로 이어지게 된다면, 한국 상품의 최대 수출시장인 중국으로의 수출 감소를 피할 수 없다.[11] 사드(THAAD)의 성주 배치와 관련된 중국의 반발로 7년간 계속된 한한령(限韓令)의 피해를 우리는 잘 기억하고 있다. 사드는 고고도 미사일 방어 체계로서 강력한 레이더 시설을 동반하고 있기 때문에 북한군의 움직임뿐만 아니라, 북경 주변의 중국군 동향마저 빠짐없이 살필 수 있다. 사드 설치에 반대하여 중국은 한국 상품 불매운동을 포함한 한류(韓流) 금지령을 발동시켰다. 이러한 중국의 보복 조치 결과, 한국의 영화를 포함한 문화산업의 피해는 물론, 관광산업과 화장품산업의 피해액 규모가 연간 8.5조 원으로 추산되어 중국의 동일 산업 부문에서 발생한 피해 규모(1.1조 원)보다 8배나 컸다는 연구 결과가 발표되기도 하였다(현대경제연구원).

중국과의 치열한 패권경쟁에서 승리하기 위한 미국의 새로운 정책 선택은 중국의 첨단산업(전자) 성장을 억제하는 효과를 보이고 있지만, 동시에 한국의 첨단산업 성장, 나아가서 한국 경제의 성장마저 억제하는 결과로 이어지고 있는 현실이다.

중국 시장을 대신할 수 있는 수출시장을 어디에서든 찾아내야 한다. 인도나 베트남 등 새로 성장하고 있는 개도국일 수도 있고 석유 고갈 이

11) 1992년 대중국 무역적자(-10억 7,100만 달러)를 기록한 이후, 31년 만에 2023년 1, 2월 대중국 무역적자는 50억 7,400만 달러로 중국은 한국의 최대 무역 적자국이 되었다.

후의 경제성장 기반을 구축하는 데 여념이 없는 사우디아라비아 등 중동 산유국일 수도 있다. 또한 우크라이나 전쟁으로 한국 상품에 대한 인식이 크게 달라진 폴란드를 비롯한 동유럽 국가들일 수도 있다. 수출시장의 다변화와 함께 전자 제품과 자동차에 편중된 수출 상품의 다양화도 반드시 필요하다. 아울러 중국에 대한 의존율이 지나치게 높은 희토류를 비롯한 원자재를 어디에서 어떻게든 확보함으로써 요소수 파동 같은 일이 더 이상 일어나지 않도록 대비할 수 있어야 한다.

문제는 우리의 외교력이다. 중국의 반발을 무마하고 미국의 양보를 이끌어 낼 수 있는 외교력을 어떻게 발휘해 나갈 것인가 하는 문제가 우리에게 주어져 있다. 단순한 가치나 이념에 의존하는 외교 전략으로는 잘 사는 나라를 결코 만들어 나갈 수 없기 때문이다. 더구나 핵심적인 외교 상대는 세계 경제를 이끄는 미국과 중국이라는 세계 2대 초강대국이다. 그리고 현 시점에서 우리의 정책 선택은 한민족의 장래 모습을 결정하게 되는 가장 중요한 변수가 된다. 왜냐하면 2022년 현재 대한민국의 경제는 한반도에서 살고 있는 남북한 국민의 1년간 총생산액(국부) 중에서 95% 이상을 책임지고 있기 때문이다.

70년 전 한국전쟁 당시, 중공군의 참전으로 전쟁이 장기화되자 부담을 느낀 미국은 휴전을 추진하였다. 당시 이승만 대통령은 중공군 100만 명이 주둔하고 있는 상태에서의 휴전에 동의할 수 없다고 주장하면서 반공 포로 석방을 단행하였다. 전쟁 포로를 당사국으로 송환하는 것을 조건으로 하여 진행되고 있는 휴전회담을 파탄내 버린 것이다. 결국 미국은 이승만 대통령의 요구 조건을 모두 수용하면서 휴전을 성립시켰다. 이 요구 조건의 핵심은 대한민국 국군 20개 사단 확보를 비롯한 한미상호방위조약의 체결이었다.

한국전쟁은 세계사에서 어떤 의미를 갖는가? 이승만 대통령은 전쟁 포로 개인의 자유의지에 따라서 본국(북한) 송환, 남한 귀순 및 제3국 망명 등 세 가지 선택지 중에서 택일하는 방식으로 포로 처리 문제의 방향을 제시하고 이를 휴전협정을 통해 관철하였다. 이러한 접근은 세계전쟁사 중에서 개인의 자유로운 의사 결정에 최고의 가치를 부여한 최초의 역사적인 전쟁으로 한국전쟁의 의미를 격상시켰다. 미국의 입장에서는 남하하고 있는 공산주의를 저지하는 최후의 방어선이었던 당시의 애치슨 라인(Acheson line)[12)]에서조차 제외시켰던 한국이라는 작은 나라를 위해서 수많은 젊은이의 생명과 함께 막대한 전쟁 비용을 쏟아부었던 이유가, 자유세계의 보편적 가치인 개인의 자유의지를 지키기 위한 것이었음을 전 세계에 뚜렷이 할 수 있었다. 이 점은 현재까지도 국내의 비판이 계속해서 이어지고 있는 미

12) 소련과 중공에 의한 공산화를 저지하기 위한 태평양에서의 미국 방위선을 알류샨 열도-일본-오키나와-필리핀을 연결하는 선으로 정한 당시의 애치슨 미국 국무장관이 1950년 1월 12일 선언한 극동방위선이다.

국의 월남전 참전과 대비되는 이승만 정부 외교 정책의 뚜렷한 성과라고 할 수 있다.

점차 격화되고 정밀화되고 있는 미국과 중국 등 두 강대국의 패권경쟁 속에서 대한민국은 어떤 선택을 해야 할 것인가? 구체적으로 한민족의 번영을 뒷받침해 나가야 할 바람직한 외교 정책의 모습은 어떠해야 할 것인가?

북한은 세계 주요국의 정상들이 한자리에 모여 있는 북대서양조약기구(NATO) 회의가 진행 중인 시기를 선택하여 대륙간 탄도미사일을 쏘아 올림으로써, 국제적으로 그 존재감을 과시하고 있다(2023. 7. 12). 계속된 음(-)의 경제성장으로 파탄 난 민생 경제에는 아랑곳하지 않고 핵무기와 장거리 공격용 미사일 개발에 몰두하고 있는 북한 정권을 세계 주요국 정상들은 어떻게 평가할 것인가? "너 죽고 나 죽자"라는 식의 막무가내 북한 정권을 어르고 달래어서 어떻게 한민족 공동번영의 길로 이끌어 낼 것인가?

한민족은 한반도에 자리 잡은 이래, 가장 많은 인구로 번창하였다. 그리고 경제적으로도 가장 부유한 삶을 누리고 있다. 그러나 한국 경제에 큰 영향을 미치는 대외 변수, 즉 미국과 중국 간의 패권경쟁이 심해지면서 한국 경제의 위기감이 드높아지고 있다.

그러나 위기는 기회도 동반한다. 북한의 저활용되고 있는 우수한 노동력과 지하자원을 남한의 자본과 첨단산업 기술에 결합시킨다면, 그리고 해양시장에 치중된 상품과 원자재 시장을 육로(북한 경유)로 중국, 몽골,

러시아 등 대륙시장으로 연결시킨다면 한반도의 번영은 또 한 단계 도약을 기대할 수도 있다.

현재 우리는 어떤 외교와 경제성장 전략을 선택하느냐에 따라 한민족이 계속 번창하느냐, 아니면 쇠락하느냐 하는 중대한 기로에 처해 있다. 특히 평화 공존 체제를 통한 남북한의 협력 체제 강화가 가장 중요한 선결 과제이다. 우리는 한반도를 사람 사는 냄새가 진동하는 동네로 과연 만들어 낼 수 있을 것인가?

3. 위기를 기회로 바꾼 역사적 사례

1) 강대국 페르시아군을 몰아낸 도시 국가 아테네

기원전 6세기 초, 소아시아의 아나톨리아반도에 리디아 왕국이 세워졌다. 이 왕국에서는 인류 역사상 가장 오래된 주조화폐(coin)가 만들어졌다. 화폐가 출현함으로써 거래의 효율성이 질적·양적으로 향상되었고, 이를 통하여 튼튼한 시장 시스템이 만들어졌다. 리디아 왕국의 화폐 경제는 그리스·에게해 지역 일대에 대규모 화폐 경제권을 형성하였고, 이 지역으로 인도·유럽계 백인 이민이 급증하면서 그리스는 교역을 통해 번영하기 시작하였다. 에게해 교역권이 확립되면서 그리스 각지에서 폴리스(polis)라고 불리는 도시 사회가 번창하게 되었다. 아테네, 밀레투스, 스파르타, 테베 등이 이러한 폴리스이다.

번성하는 도시 국가의 부(富)를 노리고 침략전쟁을 일으킨 나라는 아케메네스 왕조 페르시아였다. 페르시아의 다리우스 1세는 오리엔트의 모든 영토를 점령한 뒤에, 번영하고 있는 지중해 그리스 지역을 침범하였다. 대국 페르시아에 비하자면 그리스는 폴리스라는 촌락 집단이 모인 곳이기 때문에 쉽게 정벌을 도모할 수 있는 지역이기도 하였다. 강대국 페르시아의 침략에 어떻게 대응할 것인지를 두고 그리스 도시 국가 지도자들은 두 갈래로 의견이 나뉘었다.

대부분의 폴리스 지도자들은 항복을 주장하였다. 막강한 군사 대국 페르시아에 대항하기에는 도시 국가들의 군사력이 너무 미약하였기 때문이었다. 그러나 끝까지 항전을 주장한 아테네의 지도자 데미스토클레스는 지중해와 에게해를 이용하는 해전(海戰)을 통해서 지상전(地上戰)에 능한 페르시아 군대를 능히 물리칠 수 있다는 주장을 굽히지 않았고, 이 주장은 국민, 특히 주로 빈민들의 협력을 얻었다. 결국 기원전 480년 살라미스 해전에서 그리스는 페르시아에 승리를 거두고 페르시아 군대는 퇴각한다.

옹기종기 모여 사는 폴리스 나라 그리스가 강대국 페르시아에 승전하면서 강대국 군사를 국경 밖으로 밀어내는 역사적인 일이 일어났던 것이다. 이 전쟁에 협조하여 군선(軍船)의 노를 저었던 그리스의 빈민 계급들은 참정권을 얻어 냈고, 항복하자고 주장하였던 당시의 귀족과 부유층들은 세력을 잃게 되었다. 이러한 과정을 거쳐서 많은 시민들이 공동으로 정책 결정에 참여하는 초기 민주주의가 그리스의 도시 국가에서 발생하게 되는 역사적인 성과도 일구었다.

2) 잔다르크의 활약으로 끝난 백년전쟁의 승전국은?

백년전쟁(1339~1453)은 영국의 왕이 프랑스 왕실의 혈통을 이었으므로 프랑스 왕위도 영국 왕실이 계승해야 한다면서 영국이 일으킨 전쟁이었다. 백년이 넘는 지리멸렬한 전쟁 끝에 성녀(聖女) 잔다르크의 활약에 힘입어 영국군의 철수를 실현시켰다고 프랑스는 주장한다.

전쟁을 촉발시킨 왕위 계승권이라는 표면적인 이유와는 달리, 양국에게는 플랑드르(벨기에) 교역권을 지배하겠다는 경제적 이유가 따로 있었다. 당시 유럽에는 남과 북 두 개의 유통 중심축이 형성되어 호경기를 구가하고 있었다. 북독일 도시 뤼베크 및 함부르크 등지와 앤트워프 등 플랑드르 교역권은 북해와 발트해를 무대로 하는 북유럽 유통 중심 지대였다. 그리고 이탈리아의 베네치아가 중심이 된 롬바르디아 동맹권은 지중해를 무대로 하는 남유럽 유통 중심 지역이었다. 유럽의 남과 북의 유통권은 뉘른 베른베르크와 아우크스부르크 등 독일 도시들을 경유해서 연결되었다.

영국과 프랑스는 그 당시 이 간선 유통 경로에서 벗어나 있었기 때문에 12세기 유럽 지역 호경기에 대한 접근기회가 제한되어 경제 발전이 정체되었다. 이에 따라 간선 유통 경로에 속한 플랑드르 교역권 확보를 위한 전쟁은 영국과 프랑스에게는 경제적 번영을 확보하기 위해 양보할 수 없는 전쟁이었다.

당시 영국은 토지가 척박해서 프랑스와는 달리 작물 농업보다는 초지를 활용해서 양을 키우는 목축업이 주된 산업이었다. 생산된 양모(wool)는 플랑드르로 수출되고 그곳의 자본과 기술에 의해서 가공되어 양모 제품으로 시장에 출하되었다. 영국은 자국에서 생산된 양모 제품의 생산 공정을 효과적으로 관리해서 이익을 높이려면 플랑드르에 대한 프랑스의 영향력을 배제하는 것이 절대적으로 필요하였고, 프랑스는 이 영향력을 통해서 자국의 이익을 유지해야 하였다. 이것이 백년전쟁의 실질적인 이유였다.

그러나 백년전쟁 기간 중에 아무도 예상치 못하였던 일이 발생한다. 전쟁 중에 플랑드르에 거주하는 모직물 업자 대부분이 그들의 사업장(시설과 자본)을 영국으로 이전한 것이다. 지리멸렬한 전쟁 때문에 플랑드르 모직물 업자들은 활발한 생산활동을 방해받았고, 특히 양모 원료마저 안정적으로 확보할 수가 없었기 때문이다. 이에 따라서 전쟁이 시작된 1339년 이전의 영국은 양모 원료 수출국인 후진국이었지만, 1453년 전쟁이 끝난 뒤에는 모직물 제품의 수출량이 급증한 선진 무역국으로 변모하게 되었다. 백년전쟁으로 영국은 전혀 기대하지 않았던 플랑드르의 자본과 기술을 얻었고, 이에 따라 유럽 대륙에서의 전쟁을 끝내고 철수하였다.

프랑스는 성녀 잔다르크의 활약에 힘입어 영국군을 밀어내고 백년전쟁을 승리로 이끌었다고 주장한다. 그러나 영국군의 철수는 전쟁의 목표를 상당 부분 이루었다는 정책적 판단의 결과였다고 할 수 있다. 전쟁 중에 예상치 못하였던 플랑드르의 선진 기술과 자본의 영국 이전이 실현됨으로써 선진국 진입 계기를 실현하는 경제적 이득을 실질적으로 영국이 확보하였기 때문이다.

2 코로나 이후 재편되는 국제 경제 질서

1. 코로나 팬데믹이 세계화의 진전에 미친 영향
2. 미·중 간 세계 경제 패권경쟁의 승자는?
3. 사람 사는 동네에 휘몰아치고 있는 변화의 광풍

1. 코로나 팬데믹이 세계화의 진전에 미친 영향

코로나 팬데믹이 앞당긴 4차 산업혁명 시대가 본격적으로 열리고 있다. 가상 현실을 구현할 정도로 인터넷의 속도가 빨라지고 전 세계의 모든 정보들이 통합되고 있다. 이렇게 통합된 빅데이터를 인공지능으로 분석하고, 자기 학습을 통한 지속적인 개선으로 새로운 정보들이 속속 생성되고 있다. 이 정보들은 인류 사회의 생활 방식과 기업경영의 행태 자체를 빠르게 변화시키고 있다. 4차 산업혁명은 디지털혁명(3차 산업혁명)에 기반하여 물리적 공간과 디지털 공간 및 생물학적 공간의 경계가 희석되는 기술 융합의 시대를 현실화시키고 있다. 특히 엄청나게 멀리 떨어져 있는 물리적 공간을 무시하고 마치 같은 공간에서 활동하는 것처럼 물리적 공간 사이의 거리를 초월할 수 있는 인터넷 기술의 현실화마저 이루어지고 있다.

4차 산업혁명 시대가 열리면서 코로나 팬데믹의 충격이 상기시켜 주었던 경제 운용, 특히 공급망 안정성 확보의 중요성이 강조되고 있다. 경제 운용의 안정성이란 재화와 서비스가 필요한 곳에 필요한 만큼 적시(適時)에 도착할 수 있느냐에 주로 달려 있기 때문이다. 이에 따라서 세계화 시대에 성행되었던 지역별 분업 체계도 강력한 재검토 요구를 받게 되었고, 새로운 공급망의 재편 시도가 지구촌 곳곳에서 진행되고 있다.

현대 경제는 경제활동에 관련된 모든 경제 주체들이 거미줄처럼 복잡하게 얽혀서 운용되고 있다. 세계화의 진전에 따라 각국으로 분산된 분업 체계가 잘 짜여 운용되고 있기 때문에, 어느 한 국가의 생산 차질이나 수요 감퇴는 연계되어 있는 다른 나라로 순식간에 파급되는 결과로 이어지게 된다.

2020년에 시작된 코로나19 팬데믹이 미친 영향을 경제학 교과서의 소득 순환 모형을 이용하여 살펴보자. 가계는 자기 보유의 노동력과 자본을 기업에 공급한다. 기업은 이를 이용하여 재화를 생산하고, 가계는 기업이 지급한 보수로 재화를 구매하는 식으로 소득이 순환하며, 이러한 소득 순환 과정에서 경제가 성장하게 된다. 그러나 이러한 소득 순환의 어떤 한 부분에서 차질이 발생하면, 모든 순환 흐름이 차질을 겪게 되는 결과로 이어진다.

세계화로 인해 상품뿐만 아니라 자본과 노동력의 이동이 크게 진전된 상태에서 특정 국가의 특정 부분에서 발생한 차질은 전 세계의 연관 부문으로 순식간에 확산된다. [그림 2-1]에서 ×는 차질 또는 타격을 의미한다.

코로나 팬데믹은 공급과 수요 양 부분에 동시적인 충격을 주었다. 먼저 가계는 상점 폐쇄, 운송 제한, 여행 금지 등 당국의 방역 조치의 영향으로 소비가 줄어든다. 이에 따라서 기업은 판매 부진에 따른 재고 누적으로 조업 단축에 이은 파산으로 치닫게 된다. 이 과정에서 근무 시간 단축과 고용자 해고 등이 발생하므로 가계의 임금소득 감소가 진행되어 가계소비

그림 2-1 코로나19가 경제 주체의 소득 순환 과정에 미치는 영향

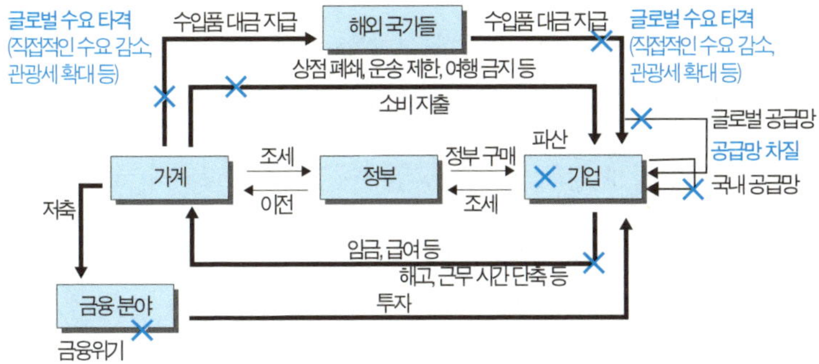

자료: 성진근, 『4차 산업혁명 시대 농업경영혁신론』, 2020, p. 24.

는 더욱 위축된다. 이러한 경제적 타격은 연쇄적으로 수입품 대금의 지불 지연 및 수입 감소로 이어져 글로벌 수요 감소로 귀결되고 결국에는 글로벌 공급망까지 타격을 받게 된다.

가계와 기업의 현금 흐름(cash flow)이 타격을 받으면 금융기관으로부터 받았던 대출금의 원리금 상환이나 저축이 어렵게 된다. 결국 금융기관마저 기업에 대한 대출금 상환 유예와 가계의 저축 감소로 금융위기 상태로 내몰리는 결과로 이어져 큰 타격을 연쇄적으로 입게 되는 것이다.

세계화가 크게 진전되어 글로벌 가치사슬(value chain)이 촘촘히 엮여 있었기 때문에 코로나 팬데믹은 글로벌 수요와 공급망 운영에 큰 차질을 가

져왔다. 아시아·태평양 지역은 유럽과 함께 글로벌 가치사슬이 가장 촘촘히 엮어진 지역이다. 특히 중국은 세계의 공장으로 불릴 정도로 그들의 값싸고 풍부한 노동력을 이용하여 선진국의 중간 제품 내지 완제품 생산기지로 크게 변모하였다. 이 과정에서 중국은 막대한 부(富)를 쌓아 G2 국가로 불릴 정도의 경제 강국으로 성장할 수 있었다. 그러나 코로나 사태가 발생하자 중국이 방역을 이유로 일정 지역에 대한 봉쇄 조치를 취하면서 아시아·태평양 지역의 가치사슬 운영이 일시적으로 멈추거나 장기간 폐쇄되는 등의 심각한 지장을 받게 되었다.

코로나 사태로 인한 피해 상황의 파악뿐만 아니라, 생산 관리를 위한 필수적 인원의 자유로운 출입국마저 봉쇄당하면서 글로벌 투자 기업들은 자신들이 투자한 자산(資産)이 자신들의 뜻대로 더 이상 자유롭게 통제될 수 없다는 사실을 인식하게 되었다. 이 결과로 글로벌 투자 기업의 일부는 본국으로 생산 시설을 다시 옮기는 리쇼어링(reshoring)을, 그리고 다른 일부는 다른 나라로 투자처인 사업장을 옮기는 디쇼어링(deshoring)을 추진하였거나, 하고 있다. 특히 미국은 자국 내의 제조업 활성화에 의한 안정된 일자리 확보 차원에서 세계화 바람을 타고 외국으로 진출하였던 자국 기업들의 리쇼어링을 적극적으로 권장하면서 다양한 유인책(incentives)마저 내걸고 있다.

세계화 물결에 편승하여 주로 값싸고 풍부한 노동력을 찾아서 세계 각지로 생산 현장을 이전하였던 시대는 이미 저물고 있다. 코로나 팬데믹은 공급망의 안전성 확보를 보다 우선시하는 방향으로 생산지(生産地)를 이전하는 새로운 시대로 인도하고 있다. 중요한 것은 이 과정에서 세계 경제의 흐름을 주도하려는 패권경쟁이 치열해지고 있다는 점이다.

2. 미·중 간 세계 경제 패권경쟁의 승자는?

물론, 세계의 패권 국가가 변함없이 미국이란 점에는 이론의 여지가 없다. 제2차 세계대전이 끝난 뒤(1945), 미국은 세계 경제의 50%를 생산, 소비하는 이른바 미국 주도의 세계 평화 체제(Pax Americana) 시대를 열었다. 전후 폐허를 복구하고 전쟁 전의 경제 규모를 회복한 1970년대 이래, 2022년 현재까지 미국은 세계총생산액의 25% 내외를 생산하고 소비하는 경제 패권 국가의 지위를 계속 유지해 오고 있다. 그다음으로 값싸고 풍부한 노동력을 무기로 하여 고도의 경제성장을 계속해 온 중국이 세계 총생산액의 15% 내외를, 그리고 일본, 독일, 프랑스, 영국, 이탈리아 등의 전통적인 경제 선진국들이 20% 내외를 차지함으로써 세계 경제에 큰 영향력을 행사하고 있다.

코로나 팬데믹 이후(2022)에도 미국의 세계 패권국 지위는 변함없다. 미국은 세계총생산액의 24.6%를 차지하고 있고, 중국(17.5%)이 미국을 뒤쫓고 있다. 그리고 일본, 독일, 인도, 영국, 프랑스, 러시아, 캐나다, 이탈리아 등 전통적인 경제 강국들이 세계 GDP의 20.4%를 차지함으로써 세계 경제를 이끌고 있다.

미국은 세계 최대 부유국이다. 또한 미국의 군사력은 미국을 뺀 나머지 세계 국가 연합과 겨룰 수 있을 정도로 막강하다. 미국의 군수(軍需)산업은 세계의 부와 정치력을 미국에게 집중되도록 유도하는 원천산업이다. 또한 셰일(shale) 오일과 셰일 가스 추출 기술의 개발로 향후 300년간 사용할 수 있는 유전 자원을 보유하고 있는 세계 최대 산유국이기도 하다. 따라서 현재는 물론 향후에 이르기까지 미국의 세계 패권 국가 지위는 움직일 수도, 도전받지도 않을 만하다.

이러한 미국의 세계 패권 국가 지위에 도전하는 나라가 중국이다. 그러나 중국의 세계 패권 국가 도전은 코로나 팬데믹 이후 크게 흔들리고 있다. 중국의 경제성장률은 2007년의 14.2%를 정점으로 하여 꾸준히 하락하다가 코로나 팬데믹으로 인한 경제 봉쇄 영향으로 2021년에는 3%에 그쳤고, 2022년에는 3.3% 성장률을 보였다. 그리고 2023년의 경제성장률 전망치도 5% 수준 내외에 머무르고 있다. 이에 중국의 고도 경제성장 시대는 이제 끝났고, 중국도 일본의 잃어버린 20년의 뒤를 잇게 될 것이라는 의견마저 우세해지고 있다.

저성장 추세가 정착되면 실업률이 높아진다. 가장 큰 문제는 청년 실업률이다. 2022년 4월 중국의 전체 실업률은 5.2%로 양호하지만, 16~24세 청년 실업률은 20.4%로 매우 높다. 이는 대학 졸업자가 늘어나는 속도에 맞추어 중국 경제가 고급 일자리 창출에 실패하고 있기 때문이다. 중국은 1998년부터 사립 대학의 설립을 허용하였고, 이에 따라 대학 졸업자 수가 급증하였다. 그 결과 인구 10만 명당 대졸자는 2000년 3,611명에서 2020년 15,467명으로 4배 이상 늘어났다. 이러한 청년 실업률 급증은 중국 정부의 체제 유지에 큰 위협이 될 수도 있다.

고등 교육을 받은 고급 인력의 실업률 못지않게 중요한 문제는 평균 임금 수준보다 낮은 임금을 받고 생계를 이어가고 있는 저임금(低賃金) 노동자 계층의 문제이다. 중국에는 거주 이전의 자유가 없었다. 그래서 불법으로 도시 노동자가 된 농민공(農民工)이 수억 명에 달한다. 그러나 1세대 농민공과는 달리 2세대 농민공들은 거주 이전의 자유를 요구한다. 그래야 도시공(都市工) 수준으로 임금을 올려 받고 자녀를 학교에 보낼 수 있기 때문이다. 이 요구가 시진핑 주석의 공동부유(共同富裕) 정책의 일환으로 받아들여지면 임금이 가파르게 오르면서 저임금에 주로 의존하였던 중국 경제의 성장은 멈출 수밖에 없다.

더구나 중국에는 호적이 없어 추계가 불가능한 사람들도 있다. 이들은 인구 증가 억제 시책의 일환으로 시행하였던 일가구 일자녀(一家口一子

女) 정책을 위반하여 부모가 아이를 출산하고도 호적에 올리지 못한 사람들로 이른바 흑인흑호(黑人黑戶)라고 부른다. 중국 정부는 공식적으로 이들 인구가 1,300만 명이라고 하지만 실제로는 1억 명 이상이라고도 한다. 이들 역시 경제 현장에서는 농민공과 다를 바 없이 저임금으로 고용하는 수탈 대상이다. 대략 중국의 현장 노동자 중에서 1/3이 일반 노동자보다 훨씬 적은 임금으로 생계를 이어가고 있다고 한다.

코로나 팬데믹으로 중국의 고도성장 시대가 막을 내리면서 30년 동안 쌓였던 주택, 물적 기반 산업(infra) 부문 그리고 국영 기업 등의 부실화가 서서히 모습을 드러내고 있다. 경기침체가 이어지자 중국 GDP의 25%를 차지하고 있는 중국 부동산, 특히 집값이 하락하면서 가계부채가 크게 증가하고 있다. 고도의 경제성장이 계속될 것이라는 허상(虛像) 위에 세워진 투기용 부동산 소유자와 여기에 자금을 공급한 금융업자들의 줄도산은 불가피한 현실이 되고 있다. 과연 코로나 팬데믹 이후 악화되고 있는 중국의 경제 사정은 세계 패권 도전 국가로서의 자격과 역량을 갖추고 있다고 말할 수 있는 정도인가?

중국은 구소련의 지위를 계승해서 미국의 막강한 영향력에서 벗어나 스스로의 세력권을 형성할 수 있는 패권 국가가 되고자 한다. 그러나 중국의 경제력을 세계로 원활하게 연결할 수 있는 육상로와 해상로가 모두 막혀 있다. 먼저 육상로를 뚫기 위해서 일대일로(一帶一路)를 국력을 쏟아

그림 2-2 중국의 육상·해상 실크로드 일대일로 계획

주: 1) 시진핑 중국 국가주석이 2013년부터 추진한 중국–중앙아시아–유럽 간 육상·해상 실크로드 사업 참여국에 도로, 철도, 항만, 공항을 만드는 인프라 협력이 핵심으로 현재까지 총 1조 달러 이상 투자.
2) *은 중국, 북극권 해상항로 일대일로에 포함 구상.
자료: 연합뉴스, 2023. 10. 16(원자료는 일대일로 공식 포털, 메르카토르 중국연구소).

서 개척하고 있으나, 뚜렷한 진척이 없다. 또한 독자적인 해상로를 확보하기 위하여 노력하고 있지만 출발부터 대만에서 미국 해군에 가로막혀 있는 처지이다. 한술 더 떠서 대만을 중심축으로 하는 미국의 대중국 포위망마

저 점차 완강해지고 있다.

중국 중심의 경제권 형성을 목표로 하는 경제 패권 국가를 과연 중국이 물리적으로 완성할 수 있을까? 특히 미국의 달러화가 차지하고 있는 국제 결제 수단에서의 비중을 중국의 위안화가 대체하는 것은 그야말로 가능성이 희박하다. 현재 위안화가 국제 교역에서 차지하는 비중은 3% 미만일 뿐만 아니라, 중국은 금융시장 개방마저 되지 않고 있기 때문이다. 따라서 달러 패권을 위안화로 대체하는 것은 거의 불가능하다.

2000년대 중반 G2(미국과 중국)라는 용어가 등장한 이래, 많은 전문가는 2030년쯤 중국이 미국을 넘어서서 세계 1위 경제 대국으로 부상할 것으로 예상하기도 하였다. 그러나 최근에는 중국 한계론(peak China)이 급부상하고 있다. 인구 감소와 노령화, 부동산 침체와 기업과 가계의 부채 누적으로 인한 금융위기 문제, 그리고 미·중 간 갈등 심화로 중국에 대한 미국의 첨단 기술 접근 제한 정책 등이 그 이유로 거론되고 있다.

3. 사람 사는 동네에 휘몰아치고 있는 변화의 광풍

코로나 팬데믹으로 인해서 국제 분업 구조로 치닫던 세계화 추세가 주춤거리는 틈새를 비집고, 경제 민족주의(經濟民族主義)라는 새로운 전염병이

전 세계로 번지고 있다. 코로나19의 전 세계적인 확산과 대응 과정에서 드러난 자국 우선주의(自國優先主義)는 소수의 선진국을 중심축으로 하여 형성되어 왔던 전 지구적 경영 지배 질서(global governance)에 큰 공백이 있음을 일깨워 주었다. 세계화 추진 과정에서 초래된 이 공백을 결국 자국민의 힘과 능력으로 채워 갈 수밖에 없다는 이른바 경제 민족주의가 새롭게 존재감을 키우고 있다.

놀랍게도 이러한 새로운 물결은 세계화를 앞서서 이끌어 왔던 미국이 이끌고 있다. 미국 우선주의(America first) 정책은 트럼프 전 대통령이 코로나 팬데믹 대응 과정에서 꺼내든 정책 수단이었다. 미국과 함께 세계화를 선두에서 이끌어 왔던 유럽연합(EU) 역시 코로나 사태에 공동대응 조치에 실패하였다. 가장 먼저 이탈리아가 국경을 봉쇄하였고, 프랑스, 독일 등이 뒤를 이었다. 독일과 프랑스가 의료용 마스크의 해외 수출을 금지하자 유럽연합 내 다른 회원국들도 수출을 봉쇄하였다. 이를 계기로 유럽 전역에 촘촘히 엮어져 운영되고 있던 유럽연합 역내 가치사슬(value chain)마저 곳곳에서 끊어졌다. 코로나 사태로 유럽연합의 공동시장의 기본 원칙마저 순식간에 망가지는 사태가 일어난 것이다.

경제 민족주의는 러시아가 옛날 형제국이라 칭하였던 우크라이나를 침공한 우크라이나 전쟁(2022. 2~)을 계기로 하여 시대적인 대세로 자리잡는 모양새이다. 제2차 세계대전이 끝난 뒤(1945), 전 세계 국가들은 비록 몇 차례의 지역전쟁(한국전쟁, 월남전쟁, 쿠웨이트 전쟁, 아프가니스탄 전쟁 등)을 치렀지만, 70년 이상의 기나긴 기간 동안에 큰 전쟁을 겪지 않고 평화 속에서 유례없는 경제적 번영을 누려왔다. 그러나 우크라이나 전쟁이 터지면서 세계화와 함께 진행되어 오던 집단안보 체제(集團安保體制)에 대한 세계 각국의 의구심과 불신마저 퍼지고 있다. 이에 따라서 그동안 지나치게 무관심하였던 자국의 빈약한 무기 보유 실태에 대한 반성마저 크게 일고 있다.

한반도는 대륙의 끝자락에 위치하기 때문에 끊임없이 대륙과 해양 세력이 충돌하는 지정학적 특성을 가지고 있다. 더구나 현재는 남북으로 갈라져서 대치하고 있는 지구상 유일한 분단 국가이기도 하다. 따라서 대륙과 해양에서 발생하는 변화의 광풍(狂風)에 가장 큰 영향을 받을 수밖에 없다. 왜냐하면 북한은 대륙 세력(중국, 러시아)의 영향을 가장 많이 받고 있는 반면에, 남한은 해양 세력(미국, 일본)의 영향을 가장 많이 받고 있기 때문이다.

역사적으로도 한반도는 대륙 세력(중국)과 해양 세력(일본)의 침탈에 꾸준히 시달려 왔다. 그래서 이 땅에는 전쟁이 그칠 날이 없었다. 유사(有史)이래 이 땅에서 일어난 전쟁은 모두 998번이라고 하니 5000년 역사에 5년마다 한 번씩 전쟁이 벌어진 셈이다. 이 땅의 백성들이 오죽이나 불안한 삶을 살았으면, 아침 인사말이 "밤새 안녕히 주무셨습니까"였겠는가? 오죽이나 굶고 살았으면 만나서 나누는 인사말이 "진지드셨습니까"였겠는가?

대륙에 신흥 세력이 나타나면 그들은 의례 조선반도를 침탈하였다. 수나라와 당나라의 고구려 침략전쟁이나 몽골(원나라)의 고려 정벌이 그랬고, 여진(청나라)의 조선 침략이 그랬다. 해양 세력인 일본 도요토미 정권의 두 차례에 걸친 침략전쟁(임진왜란, 정유재란)으로 국력이 소진된 조선 땅에, 대륙의 신흥 세력인 청나라가 침입해 왔다. 이에 대응하기 위한 조선 조정의 국론(國論)은 두 갈래로 나누어졌다. 청과 협상하여 전쟁을 피해야 한다는 주화파(主和派)와 끝까지 싸워서 나라의 주권과 체통을 지키자는 척화파(斥和派)가 그것이다.

결국 청의 조선반도 침략전쟁(병자호란)은 터졌고, 군사력에서 크게 밀린 당시 조선의 왕(인조)은 남한산성에서 항전을 계속하다가 삼전도(三田渡)로 나아가 오랑캐라고 부르던 여진족 나라(청나라)의 신하국이 될 것을 다짐하는 항복을 하게 된다. 패전의 결과는 참혹하였다. 많은 왕자와 신하가 포로로 잡혀갔고, 60만 명에 달하는 민간인도 함께 끌려갔다(당시 조선국 인구 1,000만 명의 6%). 이 중에서 젊은 여인 수는 20만 명이었는데, 포로 송환 비용이 너무 비싸서 가족이 데려오지 못한 여인들은 노예로 팔려갔다. 힘겹게 고향으로 돌아온 환향녀(還鄕女: 고향으로 되돌아온 여인)들은 오랑캐들에게 몸을 더럽혔다는 이유로 조선 땅에서도 천대받았다.

조선을 신하의 나라로 삼은 대국 청의 횡포는 우심(尤甚)하였다. 지금의 독립문은 조선 시대에 영은문(迎恩門: 은혜를 영접하는 문)이라고 불렸는데, 조선이 대국 사신을 맞이하기 위해서 지은 모화관(慕華館: 중국을 사모하는 집) 앞에 세워졌던 대문이었다. 중국 사신이 조칙을 가지고 오면 조선의 왕은 친히 영은문까지 나와서 사신을 영접하는 것이 관례였다.

청나라가 서구 열강의 침탈로 국력이 쇠잔해진 공백을 노리고, 한반도의 통치권을 차지한 나라는 해양 세력인 일본이었다. 섬나라 일본은 대륙으로 진출하려는 오래된 야망을 한반도 식민지화를 통해서 실현하고자 하였다. 그러나 일본의 한반도 식민지 경영은 36년으로 끝났다. 제2차 세계대전의 패전국으로서 일본은 점령지에서 철수해야 하였기 때문이다. 그러나 일본군 철수로 인한 한반도 통치권은 북위 38도선을 경계로 하여 남쪽은 전승국인 미국이, 그리고 북쪽은 소련이 맡아서 독립된 정권을 수립하면서 남·북 분단의 역사가 시작되었다.

남쪽의 대한민국 경제는 미국의 자본과 기술 공여를 바탕으로 빠른 성장을 계속하면서 선진국 진입에 성공하였다. 이 과정에서 인구 대국인 중국 시장에 생산한 상품을 주로 판매하였고, 그 돈으로 수출 상품의 주요 원재료를 주로 중국으로부터 수입하였다. 그러므로 한국의 고도 경제 성장을 가능하게 하였던 가장 중요한 기여국이 미국과 중국 두 나라임은 부인할 수 없는 사실이다.

하지만 값싸고 품질만 좋으면 잘 팔리던 시절은 이제 지나고 있다. 경

그림 2-3 한국의 미국, 중국, 베트남 무역수지 추이 (단위: 달러)

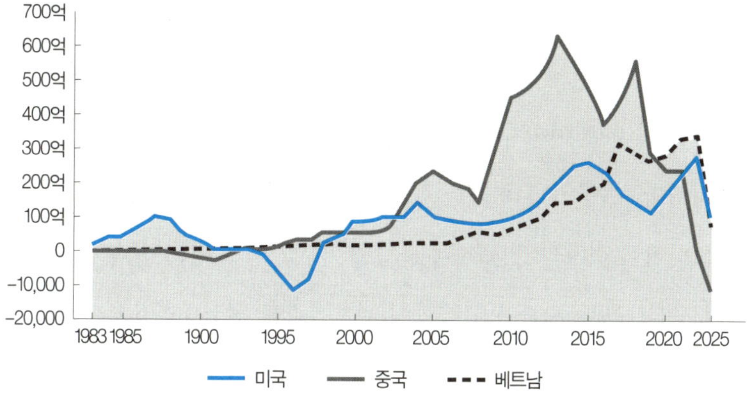

자료: 아시아경제, 2023. 5. 17.

제 민족주의가 대두되면서 내 편이냐 남의 편이냐에 따라서 거래량과 거래 조건이 결정되는 시대로 접어들고 있다. 이에 따라 중국으로의 수출 물량이 줄어들기 시작하였다. 미국과 중국의 패권경쟁 과정에서 한국이 미국 쪽으로 한 걸음 더 다가섰기 때문에 중국의 한국 상품에 대한 거부감이 커졌다는 것도 중요한 이유 중 하나일 것이다. 이 결과 한국의 최대 무역 흑자국인 중국의 위상도 최대 적자국으로 변모하고 있다. 최근에는 중국을 대신하여 베트남으로의 수출이 늘어나고 있다. 중국에 있던 외국인 투자 사업장이 베트남과 인도 등지로 이전하고 있기 때문이다([그림 2-3] 참조).

코로나 팬데믹이 몰고 온 나라 밖에서 불어오는 변화의 강풍에 못지

않게 나라 안 곳곳에서 소용돌이치고 있는 칼바람도 매섭기 그지없다. 세계 최저 수준의 기록을 세운 한국의 저출산율은 결국 인구 감소로 이어지고 인구 감소는 경제성장 둔화에 이은 소득 감소로, 그리고 소득 감소는 다시 인구 감소로 이어지는 인구 지진 현상에 직면하고 있기 때문이다. 이뿐만 아니다. 인구의 고령화와 노인부양 비용을 둘러싼 세대 간 갈등 구조는 드디어 우리나라가 세계에 자랑할 수 있는 '으쌰으쌰' 일하는 이른바 사회적 자본(social capital)마저 약화시키는 결과를 만들고 있다.

> "러시아, 중국, 일본은 믿을 수가 없오. 왜냐하면 그들은 역사적으로 우리나라를 잡아먹으려고 하였기 때문이오. 그러니 주한 미군이 통일 이후에도 한반도에서 철수해서는 안되오." 북한 김정일 주석이 북한을 방문한 김대중 대통령에게 한 말이란다(「김대중 육성 회고록」, 중앙일보 2023. 4. 24).

그렇다. 미·중 간의 경제 패권경쟁이 심화되면 결국 우리는 미국 편에 설 수밖에 없다. 그러나 우리나라는 내수시장이 좁은 자원빈국(資源貧國)이라 수출로 먹고살기 때문에 중국을 대신할 수출시장을 일구어 내야 한다. 또한 중국을 대신할 원자재 수입시장도 발굴해 내야 한다. 무엇보다 세대 간, 소득계층 간 깊어지고 있는 갈등의 골부터 메워 나갈 길을 찾아야 한다. 분배 우선이냐, 성장 우선이냐를 두고 전 국민을 두 패로 갈라치기하는 무책임한 정치인들을 축출해야 한다. 우리나라보다 먼저 선진국 진입을 성공시킨 남유럽 국가들이 겪고 있는 혼란을 잘 알기 때문이다.

이를 통해서 다시 한번 번영의 길로 들어서야 한다. 한국전쟁의 폐허에서도 절대빈국(絶對貧國)의 허울을 벗어던지고 선진국 진입을 이루어 낸 우리 국민의 저력(底力)이 있지 아니한가?

나라 안팎에서 휘몰아치고 있는 강풍에 당당히 맞서서 이겨 내야 할 사명이 바야흐로 사람 냄새 나는 동네에서 살고 있는 우리에게 주어져 있다.

3 인구 지진의 위협에 어떻게 대처할 것인가?

1. 출산율 저하로 야기되는 위협 대응 방향
2. 근로 인력 부족으로 야기되는 위협 대응 방향
3. 지방소멸 대응 정책의 현실 적합성 강화

1. 출산율 저하로 야기되는 위협 대응 방향

1) 노인부양 비용의 부담 증가 위협

우리나라의 출산율은 2022년 기준으로 역사상, 그리고 지구상의 최저 수준인 0.78로 떨어졌다. 그리고 65세 이상의 고령인구 비율은 2025년이면 20.3%에 이르러 초고령 사회[1]로 진입하게 된다. 이에 따라 고령인구는 전체 인구의 43.9%를 차지할 전망이다. 통계청에 의하면, 2022년에는 청·장년 100명이 노인 24.6명을 부양하지만, 48년 뒤인 2070년에는 100.6명으로 증가하여 마침내 청·장년 1명이 노인 1명을 부양하게 된다고 한다. 즉, 소수의 젊은이가 일해서 다수의 노인을 부양해야 한다는 문제와 함께 해가 갈수록 그 비용 부담액이 더 커지게 된다. 국제연합(UN)에 가입한 201개국의 노인부양비는 2022년에는 15.1명, 그리고 2070년에는 32.7명으로 우리나라보다 훨씬 낮다.

우리나라보다 빠르게 고령화 사회를 경험하고 있는 일본은 고령자의 고용 안정성을 높이기 위한 법률 개정을 통해서 고령인구의 고용 증대를 위한 제도적 기반을 강화하고 있다. 즉, 일본은 2013년 「고령자 고용안정법」

1) UN에서는 고령 사회(aged society)를 65세 이상 인구가 총인구의 14% 이상 되는 사회, 그리고 초고령 사회(post-aged society)는 20% 이상인 사회로 구분한다.

개정을 통하여 65세까지 고령 노동자의 고용 안정을 보장하였는데, 2018년에 다시 이를 개정하여 70세까지 고령자 고용을 의무화하고 있다.

정년연장 시책은 고령자로부터 더 많은 세금과 사회보장금을 징수할 수 있고, 연금의 조기 고갈 문제도 완화시킬 수 있는 유리한 측면이 있다. 그러나 정년이 연장되는 것만큼 청년 일자리가 줄어들게 되는 풍선 효과가 발생한다는 점이 문제점으로 제기된다. 또한 근로자 평균연령이 고령화될수록 빠르게 발전하고 있는 4차 산업혁명 시대에 대응해 나가야 할 우리 사회의 신기술 적응력이 낮아지게 된다. 이에 따라 국가 기간(基幹)산업의 국제 경쟁력 향상이 저해될 수 있다는 문제점도 제기된다.

그러므로 법률 등 고용제도의 변화에 기반을 둔 획일적인 정년연장 시책은 바람직하지 않다. 정년의 적용 구간(예컨대, 60~70세)은 법률로써 정해두되, 그 구간의 범위 내에서 노동 수요자인 기업 경영자가 직종(職種)별로 근로자의 퇴직 연령과 적용 임금을 자유롭게 선택하도록 유도하는 보다 시장 지향적인 정년제도로의 전환을 검토하는 것이 바람직하다. 이 경우 정부의 역할은 노동 수요자(기업)의 고령자 고용에 대한 지원 시책을 연령이 높아질수록 차별적으로 강화하는 데 초점을 맞추는 것이 바람직하다. 이를 통해서 기업이 고령자 고용을 자발적으로 늘려 나가도록 유도해야 한다.

그러나 정년연장 시책을 통한 고령인구의 고용 증대만으로 빠르게 증가하고 있는 노인부양 부담 문제를 해결하기는 어렵다. 그러므로 지나치

그림 3-1 세계와 한국의 생산연령인구와 고령인구 구성비 추이 (단위: %)

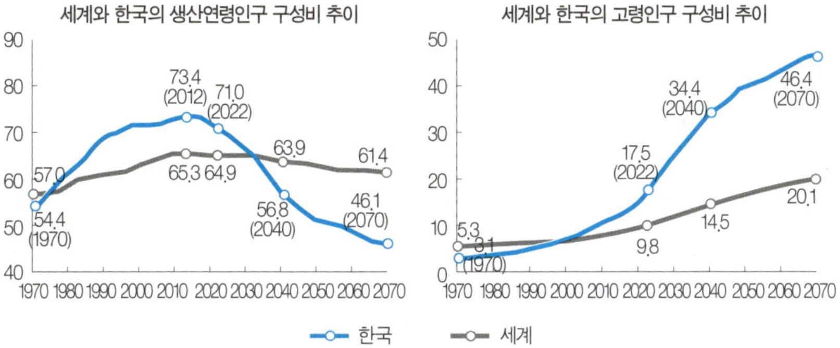

자료: 한겨레, 「'가파른 고령화' 50년 뒤 한국 '노년부양비' 세계 1위 전망」, 2022. 9. 5.

게 폐쇄적인 우리나라의 해외 노동자 확보와 해외 이민허용제도의 개선을 통해서 젊고 유능한 해외 인력을 적극적으로 유입시키는 정책 전환이 필요한 때가 왔다.

2) 사회적 자본의 감소로 야기되는 사회 불안 위협

경제학에서는 한 사회의 경제성장을 이끄는 데 필수적인 요소로 현금, 기계, 장비와 같은 물적 자본(physical capital)과 함께, 지식이나 기술 등을 포함한 인적 자본(human capital)을 꼽고 있다.

한국전쟁으로 폐허가 된 땅에서 성공한 대한민국의 경제성장은 이른바 '한강의 기적'으로 불리며 전 세계가 경탄해 마지않았다. 부존자원이나 물적 자본이 형편없게 빈약한데도, 높은 교육열에 힘입어서 양성된 인적 자본의 뒷받침이 있었기 때문에 고도의 지속적인 경제성장을 실현할 수 있었다고 그동안 설명해 왔다. 그런데 장기간에 걸친 고도 경제성장의 배경에는 "우리도 한번 잘 살아보세"라는 구호로 대변되는 새마을 운동을 비롯한 함께 더 일하자는 사회적 분위기도 있었다. 즉, "일하고 또 일하자"는 사회적 분위기가 바로 사회적 자본(social capital)인 것이다.

사회적 자본이란 인간관계와 같은 사회적 연결망을 통해서 발생되어 사람들의 상호작용과 협력 방식에 영향을 미침으로써 개인 혹은 집단에게 이익을 주는 무형의 자산을 말한다. 1980년대 이후부터 물적 자본이나 인적 자본을 보완할 수 있는 더 높은 수준의 자본 형성에 대한 관심이 커지면서 사회적 자본에 대한 집중적인 연구가 사회학자들을 중심으로 시작되었다.

프랑스 사회학자 피에르 부르디외(Pierre Bourdieu, 1930~2002)는 사회적 자본이란 "개인이나 집단이 제도화되어 지속되는 네트워크에 소속됨으로써 실제로 또는 잠재적으로 얻을 수 있는 자본의 합"이라고 정의한 바 있다. 또 미국의 사회학자 제임스 사무엘 콜맨(James Samuel Coleman, 1926~1995)은 사회적 자본이란 "특정한 목적을 달성하도록 도와주는 사회적 관계나 사회 구조"라고 설명한 바 있다.

출산율 저하는 가족의 규모와 친척의 수를 줄어들게 하여 사회적 자본의 원천인 유대감을 약화시키고 사회적인 응집성에 큰 문제를 일으킨다. 가족의 규모는 계속 줄어들어 앞으로 몇 세대가 지나면 친척이란 오직 직계 존비속뿐인 세상이 오게 될 수도 있다.

출산율 저하가 유발하는 인구 고령화도 사회적 자본의 약화 내지 감소를 초래하고 있는 또 하나의 요인이다. 행정안전부가 발표한 「2022년 우리나라 주민등록 인구통계」에 따르면, 65세 이상 고령인구는 927만 명으로 전체 인구의 18%를 이미 넘어섰다. 우리나라가 초고령 사회 진입을 눈앞에 두게 된 것이다.

초고령 사회가 되면 기초연금 예산, 지하철 무임승차 요금 등을 비롯한 사회복지 비용 부담이 증가하게 된다. 저출산으로 생산연령인구는 감소하고 있는데 부양해야 할 인구는 늘어나게 되면, 재정 압박이 커질 뿐만 아니라 경제 활력도 떨어질 수밖에 없다. 노인인구 1,000만 명 시대를 앞두고 대두되고 있는 대표적인 과제는 젊은 층의 노인인구 부양 비용 부담이 갈수록 커지는 문제이다. 그리고 이에 따른 노인에 대한 부정적 인식, 나아가서 노인혐오 인식마저 확대되고 있는 현실이다. 이러한 인식 변화로 연령계층 간 소통기회마저 적어지면서 공동체를 중시하는 고령자 계층과 개인주의를 선호하는 젊은 층 사이의 가치관 대립마저 점차 심화되고 있는 양상이다. 이에 따라 보다 잘 사는 나라를 만들기 위해서 한마음으로 일터로 나서게 하였던 우리 사회의 사회적 자본은 점차 응집력과 전파성을 잃어 가고 있다.

사회적 자본의 감소는 최근에 일어나고 있는 지하철 흉기난동 사건 등을 비롯한 반사회적 행동을 유발시키는 원인마저 제공하고 있다. 사회적 자본은 협동을 전제로 한 집단 구성원 간에 공유되고 있는 비공식적 가치 기준이나 규범의 집합이라고 간단하게 정의할 수 있다.[2] 그러나 가치와 규범을 공유하고 있다고 해서 저절로 사회적 자본이 만들어지는 것은 아니다. 왜냐하면 어떤 사회에서나 존재하는 폭력 조직에도 이른바 '의리'라고 표현되는 그들만의 사회 규범이 존재한다. 이 같은 규범이 널리 통용될수록 사회적 안정이나 협동이 촉진될 수 없고, 정치권에도 영향을 미쳐서 과도한 부패의 원천이 되기도 하기 때문이다.

그러므로 사회적 자본을 생산할 수 있는 규범은 진실한 말과 태도, 의무의 준수, 이웃과 함께 나누는 호혜주의(互惠主義)를 포함하는 것이어야 한다. 그러나 정직과 호혜와 같은 협동적 규범은 동일한 사회 안에서 한정된 집단의 구성원들끼리만 공유될 뿐, 다른 사람들과는 공유되기가 어려운 한계가 있다.

어느 사회에서나 가족은 사회적 자본의 중요한 요소임이 분명하다. 농경 사회(農耕社會)가 산업 사회(産業社會)로, 그리고 정보화 사회(情報化社

2) 프랜시스 후쿠야마, 『대붕괴 신질서』, 2001, pp. 30~31.

會)로 이행되면서 가족의 구성원 수도 크게 줄어들었다. 할아버지와 손자가 한 지붕 아래에서 살던 대가족제도가 붕괴되면서 독신 가구 수마저 크게 늘고 있다. 2022년 현재 1인 가구 수는 716만 가구로서 5년마다 200만 가구씩 큰 폭으로 증가하고 있다. 전체 가구 중에서 1인 가구 비중이 2010년의 23.9%에서 2020년에는 31.7%로 증가하여 세 가구 중 한 가구는 1인 가구인 셈이다. 1인 가구 체제가 증가할수록 가족 구성원끼리 주고받을 수 있는 협동과 호혜주의에 의해서 생성되고 전파되는 사회적 자본량은 줄어들게 된다.

교육 역시 사회적 자본을 함양한다는 점에서 대단히 중요하다. 출산율 저하로 인해서 학생 수가 줄어들고 있는 가운데 학급당 학생 수도 줄어들고 있다. 2022년 현재 각급 학교의 학급당 학생 수는 평균 21.63명인데, 이 중에서 초등학교는 21.06명, 중학교는 24.99명, 고등학교는 22.62명으로 OECD 평균 수준(초등학교: 21.1명)에 근접해 가고 있다. 이처럼 학급당 학생 수가 줄어들면서 그만큼 학생 상호 간의 교류기회가 같이 줄어들고 있다. 정규 수업뿐만 아니라 취미, 봉사 등의 단체활동을 통한 협력과 호혜주의를 체험할 기회마저 줄어든다는 것이다.

아동 수가 줄어듦에 따라 방과 후에 모여서 술래잡기, 딱지치기, 땅따먹기 등을 하며 놀던 아이들의 '골목 문화'도 없어졌다. 오로지 더 좋은 학교에 진학하기 위한 치열한 눈치 싸움과 경쟁 속에서 양보와 협동의 가치가 함양되기를 기대하기는 어렵다.

중·고등학교의 교육 내용도 상급학교 입시 준비를 위한 국어, 영어, 수학 과목에 지나치게 치중되어 있다. 이 때문에 사회적 자본을 생산하는 협동과 의무의 준수 및 호혜주의와 같은 덕목(德目)을 가르치는 윤리와 도덕 강의는 관심 밖으로 밀려나고 있다. 물론 국어, 영어, 수학 중심의 중·고등학교 교육은 우리나라의 국제 경쟁력 향상을 위한 기초 체력을 강화시켰다는 점에서 비난받을 일이 아니다. 그러나 입시(入試) 위주의 교육은 사회적 자본량의 축소로 이어지는 바람직스럽지 못한 결과를 낳고 있다.

개인주의가 고도로 발달한 미국에서도 사회봉사 실적과 체육활동 실적을 대학 입시의 중요한 요소로 반영하고 있다. 꾸준한 사회봉사 실적은 도움이 필요한 이웃과 함께 나누는 호혜주의를 함양한다는 점에서, 그리고 체육활동 실적은 꾸준한 체력 단련을 통한 국민 건강 증진에 기여한다는 점에서 사회적 자본량을 증가시켜 국력 내지 국가 경쟁력 향상에 크게 기여하기 때문일 것이다.

그러므로 윤리나 도덕 같은 국민의 인성(人性)을 함양시킬 수 있는 중·고등학교 교육을 강화하기 위한 효과적인 방안을 강구해야 한다. 이를 통해서 사회적 자본을 축적, 향상시키는 것이 물적인 경제성장에 못지않게 사람 냄새 나는 좋은 나라를 만드는 길이기 때문이다.

2. 근로 인력 부족으로 야기되는 위협 대응 방향

우리나라에 머무는 외국인 노동자는 2022년 현재 84만 3,000명으로, 불법 체류자까지 합치면 120만 명이 넘을 것으로 추산된다. 외국인 노동자가 국내 취업자 중에서 차지하는 비중은 2018년에 3.3%였으나 코로나 팬데믹 기간 중에 다소 줄어들어서 2022년 현재 3%로 떨어졌다. 그러나 앞으로 점차 증가할 전망이다.

100만 명이 넘는 외국인 근로자가 취업하고 있는 직장은 지난 6년간

그림 3-2 국내 취업자 중에서 외국인 비중 추이(2017~2022) (단위: %, 명)

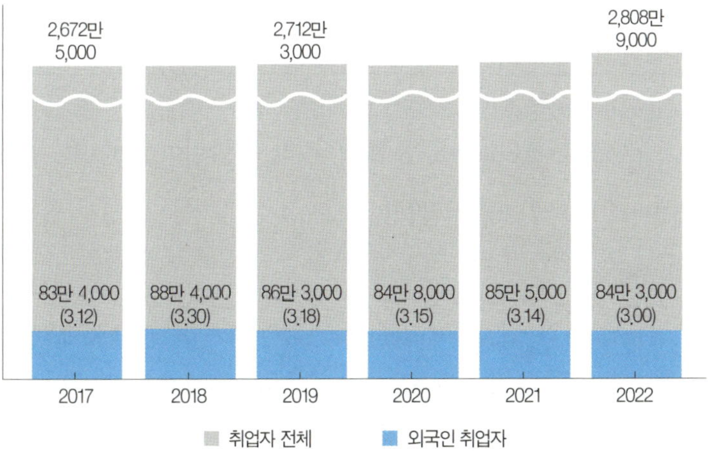

자료: KBS뉴스, 「외국인 노동자가 내국인 일자리를 빼앗고 있나」, 2023. 6. 19.

그림 3-3 **산업별 외국인 취업자 비중** (단위: %)

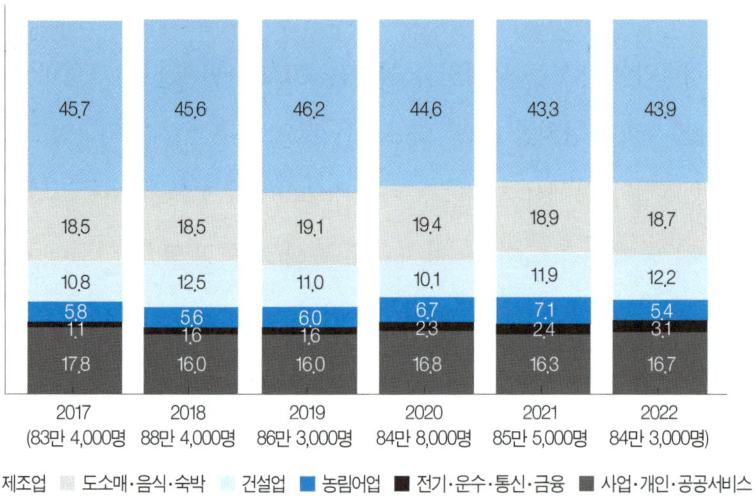

주: ( )는 외국인 전체 취업자 수를 의미함.
자료: KBS뉴스, 「외국인 노동자가 내국인 일자리를 빼앗고 있나」, 2023. 6. 19.

(2017~2022) 제조업(43.3~46.2%), 도소매·음식·숙박업(18.5~19.4%), 사업·개인·공공서비스(16.0~17.8%), 건설업(10.1~12.5%), 농림어업(5.6~7.1%) 등의 순이었다([그림 3-3]).

외국인 근로자가 취업하고 있는 사업장의 규모도 종사자 300인 이상의 대기업은 3% 내외에 불과한 반면에, 30명 이하의 영세 소기업이 70% 내외의 압도적인 비중을 차지하고 있고, 특히 종업원 4명 이하의 영세기업 취업자 비중은 20% 내외의 높은 비중을 차지하고 있다. 우리나라의 대표적

그림 3-4 종사자 규모별 외국인 근로자 비율 (단위: %)

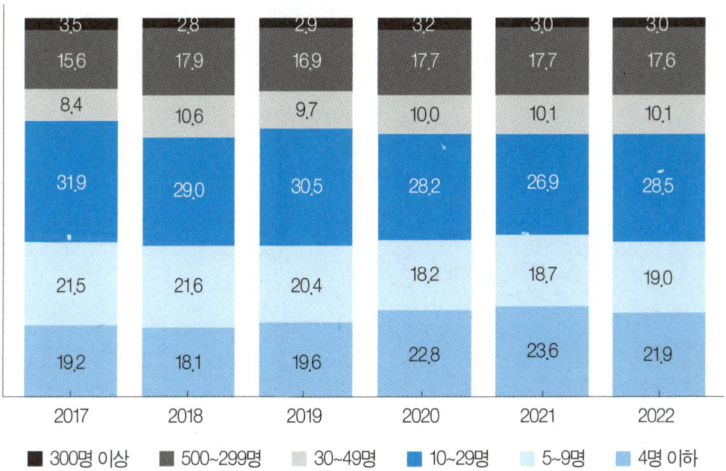

자료: KBS뉴스, 「외국인 노동자가 내국인 일자리를 빼앗고 있나」, 2023. 6. 19.

3D 업종인 뿌리산업[3]의 인력난은 날로 심각해지고 있는데, 외국인 근로자는 2021년 기준으로 전국의 51,000개 뿌리산업 현장에서 약 72만 명이 취업하고 있다.

뿌리산업은 대표적인 저임금, 장시간 노동 현장이다. 2021년 뿌리산업 전체의 월평균 급여액은 290만 원으로 같은 해 우리나라 임금 근로자의

3) 주조, 금형, 용접, 표면처리, 열처리 등 기초적인 공정(工程) 기술로 사업을 영위하는 업종을 가리킨다. 겉으로는 드러나지 않지만 모든 제조업의 근간을 형성한다는 의미에서 붙여진 별칭이다.

표 3-1 **2021년 건설 노동자의 국적별·연령대별 구성비** (단위: %)

구분	전체 고용 인력에서 차지하는 비중		
	내국인	외국인	합계
20대	7.8	2.0	9.8
30대	8.1	2.4	10.5
청년층 비중	18.2	35.2	
40대	16.8	2.4	19.2
50대	28.8	3.7	32.5
장년층 비중	52.1	48.8	
60대	22.7	1.9	24.6
70대	3.3	0.1	3.5
노년층 비중	29.7	16.0	
합계	87.5	12.5	100.0

자료: 건설근로자공제회, 『2021 건설근로자 고용복지사업연보』에서 재구성.

월평균 임금(327만 원)의 88.7% 수준으로 낮은 반면에, 월평균 노동일수는 22.3일로 전국 임금 근로자의 평균 노동일수(19.8일)보다 12.6% 더 많았다.

2021년 건설 노동자 155만 명 중에서 외국인 인력은 19만 3,000명으로 전체의 12.4%였다. 그리고 과거 5년치의 비중(2017~2021)도 12.3~13.8%로 큰 변동이 없었다.

『2021년 건설근로자 고용복지사업연보』의 자료를 이용해서 건설 노동자의 연령대별 구성비([표 3-1])를 살펴보면, 내국인 근로자는 60대 이상의 고령층 근로자 비율이 29.7%로 외국인 근로자의 그것(16.0%)보다 상대적으로 높은 반면에, 청년층 근로자(30대 이하)의 비율은 18.2%로 외국인 근로자의 그것(35.2%)보다 훨씬 낮았다. 연령대가 높은 내국인 근로자는 단순노무직인 '보통 인부'에 주로 몰려 있는 반면에, 일의 특성상 체력이 많이 필요한 형틀목공과 철근 일은 내국인이 기피하고 있으므로 외국인 노동자 고용이 주로 이루어지고 있다. 이 때문에 청·장년층 외국인 근로자의 고용 비중이 높은 것이다.

한국건설산업연구원은 내국인 근로자의 고령화와 청년층의 건설 현장 취업 기피 현상으로 산업의 구인난(求人難)이 심화되고 있는 상황이기 때문에 매년 건설업이 필요로 하는 평균인력 155만여 명 중에서 17만여 명이 부족할 것으로 전망하였다. 이에 따라서 이 중에서 상당 부분을 외국 인력으로 보충해야 할 형편에 처해 있다고 분석하고 있다.[4)]

또 하나 지적해야 할 중요한 문제는 건설업에 취업하고 있는 불법 체류 외국인이 다른 산업에 비해서 압도적으로 많다는 점이다. 건설근로자공제회에 따르면,[5)] 2022년 실제 외국인 건설 근로 인력 수는 35만여 명이었는데, 그중에서 합법적으로 조달된 인력은 3만 2,000여 명에 불과해서 무려 90%를 넘는 32만여 명을 불법 노동자로 추정하고 있다.

정부의 고용허가제는 사업장 이동을 제한하고 있기 때문에 공사가 없

4) 한국건설산업연구원, 「중기(2022~2024) 건설업 외국인 근로자 적정규모 산정연구」, 2021. 11.
5) 건설근로자공제회, 「건설근로자 수급실태 및 훈련 수요조사」, 2022. 12.

는 기간에도 기존 업체에 묶여 있어야 하지만, 외국인 노동자가 돈을 벌기 위하여 다른 공사 현장에 취업을 하면 불법 체류자가 될 수밖에 없다. 또한 농어업 부문은 상대적으로 임금 수준이 낮아서 돈을 더 벌 수 있는 건설업 쪽으로 넘어가는 경우도 많이 발생하고 있다. 이에 따라 불법 체류자도 늘어 가고, 노령화로 특히 농번기에 일손 부족 문제가 심각한 농어업 부문은 생산 차질이 생겨 큰 타격을 입게 된다.

출산율 저하로 인해 청년층 인구가 줄어들면서 현재는 물론, 장래에도 산업 현장의 노동력 부족 문제는 더욱 심각해질 전망이다. 이에 따라 외국인 근로자 수는 더욱 늘어갈 수밖에 없다.

외국인 노동자들이 많아지면서 "외국인 노동자 때문에 내국인 일자리가 줄어들고 있다", "외국인 노동자들이 카르텔을 형성해서 국내 취약 계층의 일자리마저 빼앗고 있다", "외국인 때문에 미풍양속이 저해되고 범죄율이 증가하고 있다"라는 등의 우려의 목소리도 점차 커지고 있다. 이런 모든 우려와 불만은 결국 우리나라의 청년층 인구가 빠르게 줄어들고 있기 때문에 유발되는 일이다.

외국인 노동자에 대한 부정적 인식이 널리 퍼져 있음에도 불구하고, 출산율 감소와 인구 고령화 현상 때문에 외국인 근로자에 대한 우리나라의 수요는 앞으로도 계속 증가하게 될 전망이다. 이에 따라서 우리 사회의 불안 요인도 점차 커질 수밖에 없다.

정부는 외국인 노동자를 무분별하게 받아들일 경우, 내국인의 일자리가 침해될 수 있다는 점을 우려하여 '불가피한 경우'에 한정해서 외국인을 고용할 수 있도록 고용허가제를 2004년부터 도입해 운영하고 있다. 고용허가제 이용 대상은 노동자 300인 미만, 혹은 자본금 80억 원 이하의 중소 제조업과 농·축산업, 선박 중량 20톤 미만의 어업, 건설업, 그리고 건설폐기물처리업 등 9개 서비스업이다. 그리고 대한민국 정부와 인력 송출 양해 각서를 체결한 16개 나라의 노동자만 고용할 수 있도록 제한되어 있다. 또한 내국인 노동자의 고용기회를 보호하기 위한 목적으로 구인(求人) 노력을 거치도록 하고 있다. 즉, 외국인 노동자 고용을 원하는 사업주는 관할 고용센터나 워크넷을 통해서 내국인 구인 노력을 일정 기간(제조업·건설업·서비스업은 14일, 농축산업·어업은 7일) 시행해야 하고, 소정 기간 동안의 구인 노력에 실패할 경우에 외국인 고용허가 신청을 할 수 있도록 하고 있다.

기업이 신청한다고 필요한 외국 인력을 다 받을 수 있는 것도 아니다. 정부가 매년 업종별로 고용할 수 있는 외국 인력 한도(쿼터)를 정하는데, 그 한도 내에서만 채용이 가능하다. 고용허가제를 통해 입국한 외국인 노동자는 기본적으로 3년, 그리고 기간 만료 후에도 사업주가 재고용을 원할 경우 최장 10년까지 한국에 체류할 수 있도록 되어 있다.

그러나 최대 10년이라는 한국 체류 기간이 끝난 이후의 빈자리를 국내 인력으로 메우기가 어려운 현실에서 기업들은 숙련된 외국인을 계속 고용하고 싶어 하고, 외국 노동자들도 더 오래 일하고 싶어 하는 것이 현실이다.

국내의 청년층 인구는 갈수록 줄어들고 있는데, 외국 인력 도입 쿼터는 매년 5만 명 수준으로 제한되어 있어 숙련된 외국 노동자들은 10년이 지나면 한국을 떠나야 한다. 만성적인 근로 인력 부족 문제를 슬기롭게 극복하지 못하면 한국 경제의 성장은 결코 보장받을 수 없다. 그러므로 소극적인 해외 근로자 유입 정책을 이민 정책의 개선을 통한 적극적인 해외 인재 확보 정책으로 전환시켜야 할 때가 왔다.

한국의 해외 이민은 1910년 한일합병조약에 의한 국권(國權) 피탈 이후 정치적 동기로 인해서 본격적으로 시작되었다. 1945년 해방 이전에는 소련, 만주, 일본 등지로 이민을 하였지만, 해방이 되자 이들 중 절반 정도가 귀환하였다.

세계화가 시작되기 이전에는 개인은 경제적·직업적 문제로, 정부 입장에서는 인구 정책적 차원에서 해외 이민이 주로 이루어졌다. 그러나 현재는 다양한 이유로 매년 2만 명 이상이 이민을 가고 있다. 법무부 출입국 통계 자료에 의하면, 2016년에 국적 포기자가 3만 5,247명으로 정점을 찍은 이래, 2020년에는 국적 상실자는 2만 명을 넘어섰고 국적 이탈자도 3,000명대를 기록하고 있다.[6)]

6) 국적 포기자는 법적으로 국적 이탈자와 국적 상실자로 나뉜다. 국적 이탈자는 법정 기간 내 외국 국적을 선택하는 복수 국적자를 의미하며, 국적 상실자는 이민, 입양, 혼인, 인지 등의 이유로 우리나라 국적이 상실되는 사람을 뜻한다.

한국은 국제 사회에서 폐쇄 사회라 불리는 일본과 비슷한 수준인 전체 인구의 0.1% 수준의 이민자가 살고 있다. 이는 미국(0.3%), 프랑스(0.4%), 영국(0.5%), 독일(0.7%), 호주(0.8%), 스위스(1.4%) 등 OECD 회원국과 비교하면 최저 수준이다. 한국은 '이민 절벽 국가'로 인식되고 있다. 단일 민족을 내세우는 사회 분위기, 외국인을 대하는 불편한 시선, 영어가 통용되지 않는 일상 등이 주요 이유이다. 그나마 지금까지 한국행 이민의 주된 통로는 결혼이었다. 주로 동남아 지역의 젊은 여성들이 한국의 농어촌 노총각과 국제결혼을 해서 한국으로 들어왔는데, 2019년까지 8년간 2만 명 정도가 결혼 이민으로 한국에 왔으나 코로나 팬데믹으로 이마저도 크게 줄었다.

우리나라 인구 대책의 핵심은 출산율 저하로 생산연령인구가 감소하는 데 따른 노령인구 부양능력을 어떻게 키워 낼 것이냐 하는 데 있다. 우리나라는 단일 민족의 전통을 자랑하면서 해외로부터의 이민을 경계하는 경직된 이민억제 시책을 계속해 왔다. 바야흐로 정보통신 기술의 발달로 지구촌 전체가 하나의 지역으로, 그리고 대단위 경제권으로 통합되고 있다. 이제는 소극적인 외국인 노동자 정책을 적극적인 해외 유능인재 확보 정책으로 바꿀 때가 왔다. 이른바 3D 업종 위주의 해외 노동자 확보 정책으로부터 전자, 통신, 우주, 에너지 부문 등 첨단산업 분야에 이르기까지 전 산업 분야에 취업할 해외 유능인재 확보경쟁에 우리나라도 적극적으로 나서야 할 때가 온 것이다. 이를 위해서는 미국과 싱가포르 사례에서 배울 필요가 있다.

미국은 이민으로 역사가 시작되었고, 아직도 이민이 지속되고 있는 이민의 나라이다. 미국의 투자 이민 정책[7]은 오늘날 세계 패권 국가로의 성장을 뒷받침하고 있는 중요한 요소로 평가된다. 성공적인 이민 정책으로 미국 인구의 평균연령은 35.4세로 서유럽보다 5세가량 낮고, 2050년이 되면 41.1세로 서유럽 평균보다 10세가량 낮다. 이에 따라 2050년의 노령인구 대비 경제활동인구의 비율은 1:2.9로 선진국 중에서 가장 높은 수준이다.

싱가포르도 이민의 효과를 톡톡히 보고 있다. 1990년에 300만 명에 불과하던 싱가포르 인구는 2023년에 두 배인 601만 명을 넘어섰다. 매년 10만 명가량의 외국인들을 이민으로 끌어들인 결과이다. UN 추계에 따르면 2050년의 싱가포르 평균연령은 53.7세, 노령인구 대비 경제활동인구 비율은 1.7%로 크게 낮아져서 인구 노령화가 빠르게 진행되고 있다. 그러나 UN 통계에는 싱가포르에서 일하는 외국인들이 전체 인구의 1/4에 가깝다는 사실을 고려하지 않았다. 외국인 노동자들까지 포함한다면 싱가포르의 평균연령은 40대 초반에 불과할 정도로 크게 낮아질 것이다.

노령 사회 부양능력을 확대하기 위해서는 이민을 적극적으로 받아들이는 것만큼 효과적인 대책이 없다. 다행히 우리나라가 문호만 개방한다면, 이민 오기를 원하는 외국인은 아주 많다. 특히 중국, 동남아, 인도, 우

7) 2022년 현재, 미국은 100만 달러 이상의 투자와 함께, 10명 이상의 고용창출 조건만 갖추면 인종에 관계없이 이민을 허용하고 있다.

즈베키스탄, 몽골 등 개발도상국에서 우리나라로 이민 오고자 하는 사람들은 연령도 젊고, 평균적인 한국인들보다 노동 능력이 우수한 사람일 가능성이 높다. 이들에게 일할 기회를 제공하는 대가로 한국은 이들로부터 경제적 기회를 얻어 내면 된다.

국적(國籍) 부여는 한국 사회가 외국인에게 줄 수 있는 특권이다. 한국 경제가 많이 성장해서 상대적으로 높은 임금도 줄 수 있고, 새로운 사업기회도 제공할 수 있기 때문에 한국으로의 이민을 원하는 젊고 유능한 인재는 많다. 그리고 한국에서 취업하고 있는 해외 노동자들 가운데에서도 채용 기간이 만료되어 본국으로 송환되기보다는 가족과 함께 이민을 허락받아서 한국에서 살기를 원하는 사람들이 많다. 이러한 숙련 노동자들을 적극적으로 받아들이는 정책을 선택하여 인구 지진 현상으로 발생하게 될 재앙으로부터 우리나라가 탈출할 수 있는 발판을 만들어 내야 한다.

박정희 대통령은 국방과학 기술의 현대화와 비약적인 발전을 도모하기 위하여 원자력, 전자, 통신 분야 등에서 해외에서 일하고 있는 우수한 한국인을 파격적인 조건으로 국내로 모셔왔다. 이 결과로 오늘날 한국은 중요한 무기 수출국이 될 수 있었고, 전자, 통신 분야의 강국으로 성장할 수도 있었다.

바야흐로 정보통신 기술의 발달로 지구촌 전체가 하나의 지역으로, 그리고 대단위 경제권으로 통합되고 있다. 그런데도 단일 민족 국가를 내세우면 폐쇄 국가라는 이미지를 형성하여 역사의 뒤편으로 밀려나게 될 우려마저 있다. 이제는 소극적인 외국인 노동자 정책을 적극적인 해외 유능인재 확보 정책으로 탈바꿈시킬 때가 왔다. 이른바 3D 업종 위주의 해외 노동자 확보 전략에서부터 전자, 통신, 우주, 에너지 분야를 비롯한 첨단산업 분야에 이르기까지의 해외 유능인재 확보경쟁에 이민 정책의 개선을 통하여 뛰어들어야 한다. 단기 취업을 위하여 입국한 해외 근로자에 대한 비자(visa) 정책의 큰 틀을 바꾸고, 외국인에 대한 입국, 이주, 정착 등 관련 문제를 종합적으로 취급하는 해외 인력 컨트롤 센터를 외무부, 법무부, 노동부 등 정부 관련 부처가 협력해서 설치하고 운영하는 것부터 시작해야 한다.

유능하고 젊은 인재를 확보하기 위한 지구촌의 전쟁이 시작되고 있다. 수명 연장과 출산율 저하 때문에 세계 주요 국가들은 한결같이 고령화에 의한 생산연령인구의 급격한 감소 현상에 직면하고 있기 때문이다.

주어진 상태에서 젊고 유능한 인력을 확보할 수 있는 최선의 길은 고령 노동자의 재활용 방안을 마련하는 것과 해외 인재의 국내 정착을 유도하는 것이다. 물론 출산율 향상을 위한 정책이 무용하기 때문에 없애자는 것은 아니다. 출산율 향상을 위한 정책의 효과는 더디게 현실화되는 반면에, 인구 지진 현상은 눈앞에 들이닥친 현실적인 위협이기 때문이다.

출산율 저하로 유소년층은 갈수록 줄어들고, 보건의료 기술의 발전으로 노령층은 증가하고 있는 오늘날의 대한민국에 주어진 현안 과제는 청년 세대들의 노인부양 부담을 줄여 줄 수 있는 적절한 정책의 개발이다.

이를 위해서는 첫째, 기업들이 정년 연령을 업무 분야별로 다르게 적용할 수 있는 보다 시장 지향적인 정년제도를 도입하도록 유도하는 것이 바람직하다. 이를 통하여 시장의 고용 구조가 청·장년층과 노년층에 적합한 분업 구조를 형성하면서 발전해 나가기를 기대하는 것이다.

둘째, 현재까지의 소극적인 외국인 근로자 도입 정책을 적극적인 해외 인재 확보 정책으로 전환하는 것이다. 해외 인력의 입국, 이주, 정착, 한국어 교육 등과 함께 기업의 유능 기술 인력의 유치 지원 등 모든 지원 시책을 강화함으로써 젊은 해외 인력을 확보해 나갈 수 있는 정책 전환이 필요한 때에 이르렀다.

백의민족(白衣民族)이니, 단일 민족이니 하는 폐쇄주의를 고집하면서 국제 외교 무대에서 상호협력에 의한 공동번영을 떳떳이 논할 수는 없지 않은가?

3. 지방소멸 대응 정책의 현실 적합성 강화

2020년의 시도별 인구 증감 현황을 살펴보면 경기도 인구가 가장 많이 증가하였고(14,943명), 경상북도 인구가 가장 많이 감소하였다(9,926명). 그러나 놀랍게도 부산(7,892명)과 대구(3,267명) 등 대도시 지역에서도 인구

그림 3-5 2020년 시도별 인구 자연 증가

(단위: 명)

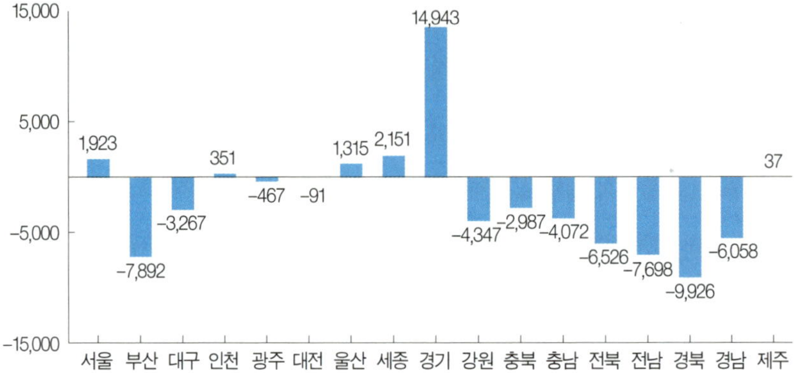

자료: 국가통계포털.

감소가 진행되고 있다([그림 3-5]). 이로 미루어 그동안 농촌 지역에서 도시 지역으로 일자리를 찾아서 이동하던 이른바 향도이촌(向都移村)의 물결 흐름이 크게 바뀌고 있음을 알 수 있다.

왜 이런 일이 벌어지고 있는가? 우리나라는 그동안의 경제성장 과정에서 농업 기반 경제로부터 제조업과 서비스업 기반 경제로 급속히 전환하였다. 이 과정에서 농촌으로부터 도시로 일자리를 구하기 위한 인구 이동이 활발하게 진행되었다. 그러나 최근에는 일자리로 대표되는 소득기회뿐만 아니라 교육, 의료, 문화 등 보다 나은 양질의 소비기회를 추구하는 인구 이동마저 함께 진행되고 있다. 정부에서는 매년 새로운 대책을 내놓고 있지만, 출산율 감소와 함께 인구의 수도권 쏠림 현상은 더 강해지고 있다.

통계청이 분석한 자료에 의하면, 2023년 현재 소멸 고위험 시군구는 51곳, 소멸 위험 진입 시군구는 67곳으로, 2022년보다 2023년 들어서 지역 소멸 위험도가 더욱 높아지고 있다([그림 3-6] 참조).

사람들은 청년들이 양질의 일자리를 찾아서 지역을 떠난다고 말한다. 그러나 산업 현장 지역에서는 일할 사람이 없어서 외국인 노동자 의존율이 갈수록 높아지고 있다. 실제로 조선업계는 외국인 근로자 없이는 공장 운영이 불가능한 수준에까지 이르렀다. 우리나라의 대표적인 철강공업 도시인 포항시의 인구수는 2015년의 52만 명에서 2022년에는 49만 명으로 줄어들어서 대도시 인구 기준선 이하로 떨어지고 있다.

정부는 2023년부터 인구 감소 지역 89개소 및 관심 지역 18개소 등 기초자치단체와 서울과 세종을 제외한 15개 시도광역자치단체에 매년 10조 원의 재원을 조성하여 향후 10년간 지방소멸대응기금을 배분한다. 이 기금을 종잣돈으로 하여 각 지방자치단체가 지역 여건에 적합한 일자리를 만드는 외에도, 주거, 교육, 문화, 관광 등 다양한 분야에 걸쳐서 사람들이 다시 돌아오는 지역의 분위기를 만들어 내도록 유도하기 위해서이다.

우리나라의 인구 밀도(명/km²)는 세계 5위로 세계 평균(52명)보다 10배 정도 많은 505명이다. 이는 일본(334명)보다 1.5배, 중국(148명)보다는 3.4배, 미국(35명)보다는 14배 더 많다. 그러나 인구 밀도가 전 세계 1위 국가인 방

그림 3-6 지방소멸 위험 118개 시군구

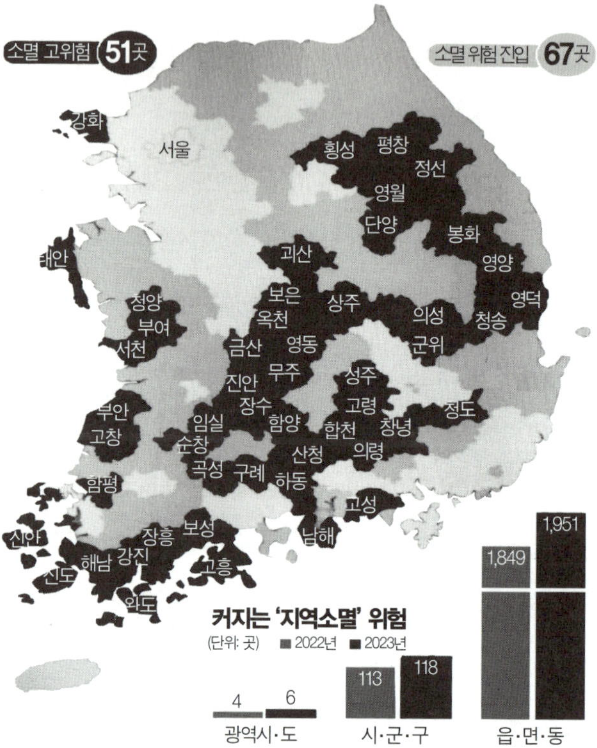

자료: 통계청, 한국고용정보원.

글라데시(1,087명)보다는 절반 정도이다.

인구 밀도 세계 5위 국가가 거주인구 감소로 지방소멸을 우려하고, 이에 대응하기 위한 정부 차원의 대책이 진행된다는 것은 그만큼 이 문제가 심각하다는 것을 의미한다. 그러나 이번 대책으로 위기가 무난히 수습될 것으로 낙관하는 분위기는 찾기 어렵다.

지방소멸의 위기에 봉착하고 있는 지역은 대부분 농촌 지역으로 농업이 주요 산업이다. 반세기 전만 해도 농업경영은 주로 인력과 축력(畜力)에 의존하였다. 그러므로 농경지에 접근하기 가까운 곳에 마을을 형성하고 농사를 지었다. 이렇게 운영되어 오던 농촌 마을에 혁명 같은 변화가 일어났다. 농업 기계화가 시작된 것이다. 또한 드론으로 씨를 뿌리고 대형 트랙터로 모심기와 수확 작업을 하는 영농 대행조직이 들판의 거의 모든 농작업을 도맡아 처리해 주는 세상으로 변화하고 있다. 이제 농촌 마을의 주민들은 고작 텃밭에서 자급자족적인 채소 농사밖에는 할 일이 없어지게 되었다.

농촌 주민들은 하나둘씩 농촌 마을을 떠나서 영농 지원 시설과 생활 편의 시설이 구비되어 있는 지방의 도시 지역으로 몰려들고, 고속도로와 고속철도 등 이동의 편의성 강화와 함께 통신혁명에 의한 지역 간 소통의 용이성마저 더해지면서 지방 소도시에서 지방 대도시로, 그리고 서울이나 서울과 가까운 경기도 지역으로 몰려들기 시작하였다. 이에 따라서 지방소멸의 우려가 농촌 마을에서 시작하여 거의 모든 지방 도시로 확산되고 있는 것이 저간의 사정이다.

말하자면, 위기감이 높아지고 있는 지방소멸 현상은 어느 특정한 시기에 진행된 영농 기계화와 같은 특정한 기술 변화나 교통·통신혁명 그리고 농촌 지역 주민의 가족 구조 변화 등 어떤 특정한 요인에 의해서 유발되고 있는 현상이 아니다. 산업 사회의 발전 과정에서 우리 사회의 다양한 생태적, 사회적 환경의 지속적인 변화에 대응하기 위한 국민들 간의 긴밀하고 지속적인 상호작용의 결과물이라고 보아야 한다.

지방소멸의 징후가 나타나고 있는 지방 소도시마다 서울이 갖추고 있는 교육, 의료, 문화적 기반 시설(infra structure)을 고루 갖출 수도 없을 뿐만 아니라, 갖추겠다고 노력한다고 해도 엄청난 사회적 비용을 우리 사회가 감당해 나갈 능력이 과연 있겠는가? 그런데도 불구하고 국력을 소모하는 이런 대책들이 돌출하고 있다. 바로 눈앞의 작은 이익(小利)에 지나치게 집착하면서 분별력이 약해진 정치권의 압력이 강하기 때문이다. 지역구 의석을 굳이 지키겠다는 선출직 의원들의 한결같은 압력에 지지표 이탈을 우려하면서 통찰력이 약해진 정부가 굴복하였기 때문이다.

미국의 동부(뉴욕)에서 서부(로스앤젤레스)로 자동차 여행을 한 적이 있다. 도시를 벗어나 평원에 들어서자 몇 시간을 계속 달려도 광활한 들판에서 옥수수, 콩 등이 심겨 있는 농작물 재배지나 간혹 한가롭게 풀을 뜯는 소 떼들의 모습은 눈에 띄었지만 사람 모습도, 사람들이 모여 사는 마을 모습도 눈에 들어오지 않았다. 고속도로가 농업 지대를 관통해서 뻗어 있기 때문이다. 그렇다면 광활한 농경지에 사람이 없는데 어떻게 농사를 짓는가? 비행기로 씨를 뿌리고 콤바인으로 수확하는 기계화 영농이 보편화되어 있어 가능하다. 사람들은 교회도 있고, 시장(market)도 있고, 주유소나 농기계 수리소, 창고 등이 갖추어진 지방 소도시(county)에 모여 산다. 농민들이 연중 들판에서 할 수 있는 일은 극히 제한되어 있기 때문이다.

우리나라도 국토의 구역을 재검토해서 미래 지향적으로 새롭게 용도 지역 지정을 검토할 때가 왔다. 대도시 구역 이외의 대부분의 농촌 지역은 만경농업지구(호남), 김해농업지구(경남) 등 수 개소로 대구획하고, 각 농업지구의 중심도시 1~2개소에 대규모의 영농 지원 시설과 생활 편의 시설을 갖출 수 있도록 집중 지원한다.

그렇다면 나머지 시군은 어떻게 하는가? 그것은 해당 주민이 원하는 방향으로, 예컨대 휴양 도시나 관광 도시로 개발하기를 원한다면 그에 맞춘 재정과 행정 지원을 해주면 된다. 물론 주민이 원한다면 소규모의 영농 지원 시설도 지원해 줄 수 있다. 만약 국내외 대기업들이 대규모 공장 설치를 원한다면, 농업지구 일부를 대단위 공업지구로 전환하는 것도 적극적으로 검토해야 한다. 구미공단이나 평택공단도 원래는 농업지구가 아니었던가?

이 과정에서 몇 개 시군이 통합되고 지역의 인구 규모의 변화 때문에 국회의원을 비롯한 지방의회의원의 숫자가 다소 줄어든다고 해서 대한민국이 크게 흔들릴 리야 없지 않겠는가?

농촌 공간은 생활 공간으로서의 비교 우위성에서 뒤떨어지기 때문에 텅 빈 마을로 변해가고 있다. 생산 공간으로서 농업 지역(절대농지: 1992년 농업진흥 지역으로 변경)은 농업 생산 용도 이외의 다른 용도로는 사용이 불가능한 농지를 말하는데, 주로 경지 정리와 용·배수로 건설 등을 위해서 사회적 투자가 이루어진 집단화된 평야 지대의 논이 여기에 속한다.

국민 1인당 연간 쌀 소비량은 2022년 56.7kg으로 30년 전(1992년 112.9kg)의 절반 수준으로 줄어들었다. 이 결과 전국 3,500여 개의 정부 양곡 창고에 보관되어 있는 쌀 재고량은 170만 톤을 넘어서서(2023년 4월 현재) 금년 수확기 쌀 예상 생산량의 절반 수준에 이르고 있다.

국민 식생활 양태의 변화로 쌀 소비량은 날로 줄어들고 있고, 쌀의 정부 재고량은 날로 늘어가서 정부 매입 가격의 10~20%밖에 안되는 헐값에 주정이나 사료용으로 재고미(在庫米)를 '땡처리'하는 비용으로 연평균 7,000억 원이 넘는 세금이 낭비되고 있다. 사정이 이러한데도 불구하고, '식량 안보'를 위해서 농업 생산 이외 목적으로의 용도 전환을 계속 억제하는 정책을 고수하는 것이 과연 합리적인 선택일 것인가?

무엇보다 국토 공간의 효율적인 이용을 위한 국토 구획(zoning)에 대한 재검토가 선행, 확립되어야 한다. 국토는 전체 국민의 생활 공간일 뿐만 아니라, 국민의 생활을 윤택하게 해주는 온갖 재화의 생산 공간이다. 그러므로 가장 부가가치가 높고 지역 주민의 일자리 창출에 기여도가 높은 상품 생산에 이용되는 것이 경제적 합리성이 높은 정책 선택이 되지 않겠는가?

최근에 글로벌 파운드리(반도체 위탁 생산) 세계 1위 기업인 대만의 TSMC사가 중국의 대만 침공 위협에 대비해서 한국(호남 지역)으로의 시설 이전을 검토하고 있다는 보도가 있었지만, 결국 일본의 공장 사업비 지원(약 4조 원)에 밀려서 구마모토로 이전하기로 결정하였다고 한다. 아깝고 안타까운 일이다. 만약 이 회사가 우리나라 농촌 지역에 자리를 잡게 되었다면 새로운 일자리 창출과 함께 각종 세금 부담으로 국부(國富) 창출에 크게 기여하였을 것이다. 또한 '호남 푸대접론'마저 잠재울 수 있는 좋은 기회를 날려버렸다. 외국계 대형 회사가 아니더라도 국내에서 해외 투자를 계획 중인 대기업(삼성, 현대자동차, SK 등)이나, 해외 이전을 고려하고 있는 중견기업이나 벤처기업들[8)]에게 농촌 지역에서 사업장을 건설할 수 있도록 농지전용(轉用) 정책을 재검토할 필요성이 커지고 있다.

혹자는 농지 축소로 식량 안보의 위험도가 높아질 것을 우려하기도 하겠지만, 우리 국민의 식생활 변화로 쌀 재고량이 넘쳐나고 있고, 추수철에 과잉 생산된 쌀을 매입하기 위해 정부 재정도 매년 증가하고 있는 실정임을 외면해서는 안된다. 국토 공간의 효율적인 이용을 위한 국토 구획에 대한 재검토가 지방소멸 대응 정책에 앞서 선행, 확립되는 것이 절실히 필요하다.

8) 기업에 대한 다양한 규제 강화에 대응해서 국내 사업장(공장, 법인 등)의 해외 이전을 고려한다는 한국 기업의 응답 비율은 21.8%에 달하였다(한국CXO연구소, 「국내 71개 대기업 집단의 해외 계열사 현황」, 2021).

4 경제성장 동력, 어떻게 되찾을 것인가?

1. 한국 경제가 당면하고 있는 위기
2. 경제민주화 실현을 통한 국민의 경제의지 회복
3. 새로운 먹거리를 찾아라

1. 한국 경제가 당면하고 있는 위기

1) 막 내린 고도성장 시대와 성장 동력의 실종

한국 경제는 이른바 '한강의 기적'이라 불리는 40여 년(1963~2003)에 걸친 고도 경제성장 시대를 마감하고 선진국 평균 수준에 근접한 저성장 시대로 접어들었다. 이 기간 중에 두 차례의 오일쇼크, 동아시아 외환위기, 글로벌 금융위기, 그리고 최근의 코로나 팬데믹 등 강력한 외부 충격이 왔을 때마다 우리 경제는 음(-)의 성장(1980년의 -1.7%, 1998년의 -5.1%, 그리고 2020년의 -0.9%)을 경험하기도 하였다([그림 4-1]).

최근 들어 우리나라의 수출을 이끌어 왔던 반도체산업의 경기가 급랭(急冷)하면서, 무역수지 적자는 15개월째 계속되다가 2023년 6월 들어서 가까스로 흑자 전환에 성공하였다. 이를 유발하였던 중요 요인은 대(對)중국 수출 부진이다. 수출 감소가 시작된 2022년 4분기 대중국 수출액은 전년 대비 103억 달러가 줄었고, 2023년도 1분기에는 126억 달러가 줄었다. 이러한 수출액 감소는 같은 기간의 전체 수출액 감소의 57~58%에 해당한다.

코로나 팬데믹 이후, 이어지고 있는 국제적 경기침체와 금융위기의 분위기 속에서 우리나라는 수출과 투자의 침체로 인한 낮은 경제성장률과 빠르게 증가하고 있는 국가채무의 악순환 속으로 빠져들고 있다. 여기에

그림 4-1 **한국의 경제성장률 변화 추이** (단위: %)

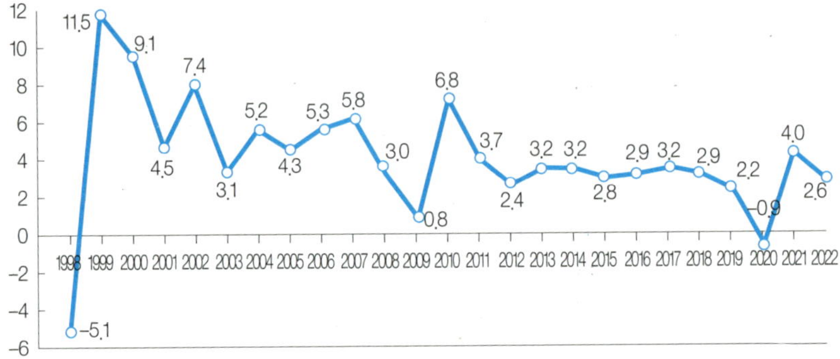

자료: 한국은행, 위키백과.

다 세계에서 가장 낮은 출산율에 의한 생산연령인구 감소 현상과 미·중 간의 경제 패권전쟁의 영향으로 우리 상품의 최대 수출국인 중국의 경제 악화 등이 복합적으로 작용해서 우리 경제의 성장 잠재력이 빠르게 위축되고 있다. 또한 미국과 유럽에서 연쇄적으로 발생하고 있는 은행발 금융위기가 글로벌 금융위기로 연결될 위험성이 높은 점도 문제이다. 특히 모바일 뱅킹(mobile banking)의 보급 확산은 과거와 달리 순식간에 뱅크런(bank-run)[1]을 초래해서 금융위기로 이어질 수도 있다.

1) 뱅크런(대규모 예금 인출 사태)은 은행에서 단기간에 예금에 대한 대량의 인출 요구가 일어나는 사태를 말한다. 미국 내 자산 규모 16위 규모인 실리콘벨리은행(SVB)은 뱅크런 발생 2일 만에 파산하였다(2023. 3. 10).

이러한 상황이 지속된다면 일본이 경험하였던 이른바 '잃어버린 20년'의 전철(前轍)을 밟아 우리 경제가 장기 침체에 빠질 위험성이 커지고 있다.

피크 재팬(peak Japan)이란 말이 몇 년 전에 회자되었다. 일본 경제가 정점(peak)을 찍고 내리막길에 들어서고 있다는 뜻이다. 그러나 금년(2023) 들어 일본 경제는 완연한 회복세를 보이고 있다. 지난 1분기(2023년 1~3월) 일본 경제는 0.7% 성장하였고, 이러한 성장세가 이어진다면 연간 2.7% 성장을 기대할 수 있다고 한다. 그러나 한국의 1분기 성장률은 0.3%였고, 한국은행의 올해 성장 전망치는 1.4%이다. 일본은 잃어버린 20년의 터널을 막 벗어나려고 하고 있는데, 한국은 악몽 같은 터널로 점점 빨려 들어가고 있는 형국이다.

한국 경제는 몇 가지 측면에서 IMF 외환위기(1997) 이후 가장 큰 경제위기 국면에 처해 있다.

첫째, 가계와 기업 그리고 국가부채가 모두 가장 위험한 수준에 처하고 있다. 가계부채는 국내총생산(GDP) 대비 세계에서 제일 높은 수준에 도달해 있고, 국가부채 역시 세계에서 가장 빠른 속도로 늘어나서 문재인 정부 시절에 국내총생산 대비 국가채무 비율은 35%에서 49%로 증가하였다. 기업부채 역시 코로나 팬데믹 대응 과정에서 자영업과 중소기업을 중심으로 급증하였는데, 대출 만기 연장이 종료될 때 금융 부실화로 인한 금융위기가 초래될 가능성마저 높다. 또한 연이은 금리 인상으로 최근에 연체

율이 증가하고 있는데다가 부동산과 주식시장의 침체 현상마저 가세하여 담보 비율이 높은 비은행권을 중심으로 금융 부실이 확산될 가능성마저 커지고 있다.

둘째, 글로벌 금융위기 이후 지속적인 흑자 기조를 유지해 오던 무역수지가 지난해(2022) 큰 폭의 적자로 전환된 후, 올해 5월부터 8월 사이에 흑자를 기록하고 있지만 가스, 석탄, 원유 등 원자재 수입이 줄어들었기 때문에 만들어진 불황형 흑자 모습을 보이고 있다. 우리나라는 특히 경상수지 관리가 중요하다. 에너지를 비롯한 수입 원자재 가격 상승이나, 외국인의 투자 감소 등 경상수지 관리를 위협하는 불안 요인이 곳곳에서 산재해 있어서 어느 한쪽의 위기 징후가 발생하면 순식간에 전 경제 부문으로 확산될 가능성이 크기 때문이다. 앞으로 경제 구조 개혁과 함께 적절한 경제위기 대응책을 마련해서 대응하지 못한다면 우리나라는 1997년에 겪었던 외환위기 못지않은 경제위기에 봉착할 위험성마저 크다.

확실한 것은 한국의 선진국 진입을 성공시킨 고도 경제성장 시대는 이제 끝났다는 점이다. 국내외적으로 많은 위험과 불확실성이 곳곳에서 도사리고 있기 때문이다. 여기에는 무엇보다 국민의 힘을 한군데로 모을 수 있는 동기(動機)도, 이를 앞에서 이끌어야 할 정치 지도력도 보이지 않는 점이 가장 큰 문제이다.

자원도, 기술도 턱없이 부족하였던 절대빈국(絕對貧國) 한국을 선진국으로 이끈 원동력은 사람이었다. 국민들의 일하려는 의지(will to economize)가 탁월하였고, 이를 앞에서 이끌어 나가는 정치 지도력이 확고하였기 때문이었다. "우리도 한번 잘 살아보세"라며 열심히 일하였던 사회적 자본(social capital)마저 가세해서 한국전쟁 이후 폐허로 변하였던 땅에서 세계가 경탄해 마지않았던 '한강의 기적'을 일구어 낼 수 있었던 것이다.

그러나 한국 경제가 30여 년에 걸친 고도의 경제성장을 경험하는 과정에서 이른바 '가진 자'(富者)와 '못 가진 자'(貧者)로 대변되는 소득 양극화 현상이 심화되면서 '일하고 또 일하는' 사회적 분위기는 눈 녹듯이 사라졌다. 그 대신에 편가르기와 다양한 집단 이기주의(集團利己主義)에 의한 '데모'는 대한민국의 흔한 일상(日常)으로 자리 잡게 되었다.

기득권을 지키기 위한 강성 노조(强性勞組)들의 사회 혼란을 야기하는 집회는 도를 넘어서고 있다. 경기침체의 위기 속에 처해 있는 기업 여건을 전혀 고려하지 않은 임금 인상과 성과금 배분 및 임금피크제 폐지 등을 요구하는 파업과 시위는 거의 일상화되었고, 국민들마저 지역과 개인의 이해관계에 따라 집단 행동에 나서는 일이 잦아지고 있다.

왜 이런 일들이 감동을 주지 못하는 흔한 일상으로 인식되게 되었을까?

그것은 산업화 성장 시대를 관통해 온 국가공동체 정신이 약화되었으며, 대다수 국민에게 미래에 대한 희망을 주지 못하기 때문이다. 우리 국민들은 일하고 또 일하면 잘살게 될 것이라는 믿음 하나로 장시간 노동에도 불평없이 일해 왔다.

그러나 그동안의 눈부신 경제성장 성과는 극소수의 부자에게 대부분 귀속되고 말았다는 허탈감과 배신감으로 나타났다. 상위 1% 소득자가 전체 소득의 15%를 가져가고, 상위 10% 소득자가 전체 소득의 47%를 가져가는 소득 불균형 분배 실태는 국민의 대부분을 차지하는 하위 소득자의 근로의욕을 상실시켰으며, 나아가서 기득권층에 대한 저항 심리마저 부추기게 된 것이다.

한국 경제는 경제개발 초기에 수출주도의 선성장 후분배 정책을 선택하였다. 성장의 효율성 실현에 집착한 나머지 분배 정의나 형평 실현은 뒤로 미루어졌다. 이 결과 소수의 대기업에 편중된 산업 구조가 자리를 잡게 되었다. 대부분의 국민을 고용하고 소득 지지를 담당하는 중소기업은 대기업과의 수직적 관계 속에서 한국 사회 특유의 이른바 갑을(甲乙) 관계 문화로 인해 고용과 소득을 창출하는 선순환(善循環)의 연결고리마저 크게 약화되었다. 이 결과는 소득과 자산의 양극화 심화와 함께 우리 경제의 침체를 초래하고 있다.

무엇보다 우리 사회의 문제해결 시스템이 고장 나서 제대로 작동하지 못하고 있다는 점이 치명적이다. 얽히고설킨 문제해결의 실마리를 찾아내고, 미래 지향적인 정책 수단을 개발하여 국민과 이해 당사자들에 대한 설득에 나서고 있는 정치권의 모습은 찾기 어려워졌다. 그 대신에 극성 지지층들의 의견이나 이해관계 반영에만 치중하면서 편가르기를 부추기는 이른바 팬덤(fandom) 정치[2)]만 극성을 부리고 있다.

정치권이 문제해결의 리더십(leadership)을 발휘하지 못하고 우왕좌왕하는 사이에, 대한민국 경제는 위험하고 불확실한 암초에 걸려서 더 이상 나가지 못하고 마구 흔들리고 있다. 첨예하게 맞서 있는 이견(異見)을 조정하고 대치 상태를 수습함으로써 사회를 이끌고 나가야 할 정치권이 부분적인 이익을 추구하며 각개 약진함으로써 나라 전체의 이익을 갉아먹는 이른바 죄수의 딜레마[3)]에 빠져 있기 때문이다.

2) 한국 사회의 양극화 심화

우리 경제를 선진국 수준의 고소득 국가로 이끌어 왔던 고도성장 시대는 막을 내리고 있다. 이 가운데 가진 자와 가난한 자 사이의 사회적 갈등마저 점차 노골화되고 있고, 정치권마저 양쪽으로 나뉘어 극성 지지층의 요구에 휘둘리기만 하는 무능한 집단으로 낙인 찍히면서 '정치 무용론'마

2) 팬덤은 우리나라에서 2022년에 유행한 정치 관련 신조어로, 광신자를 뜻하는 fanatic의 'fan'과 영지(領地)를 뜻하는 접미사 'dom'의 합성어로서 극성 지지자들의 이득이나 의견만 적극 반영하는 정치 행위를 뜻한다.

3) 죄수의 딜레마는 두 죄수 간의 협력적인 선택이 양자에게 최선의 결과를 가져다주는 선택임에도 불구하고, 자신의 이익에 치중한 선택으로 인해서 결국 서로에게 나쁜 결과를 야기하는 현상을 말하는 게임 이론(game theory)의 유명한 사례이다(Robert Axelrod, *The Evolution of Cooperation*, 1994).

저 거세지고 있다. 왜 이런 일이 일어나고 있는가?

경제 사회는 경쟁력이 강한 자와 약한 자가 공존(共存)하면서 같이 만들어 가는 사회이다. 경쟁력이 약한 자들이 없이는 경제성장도, 발전도 이루어 낼 수 없다. 그들이 제공하는 노동력이 가장 중요한 생산 요소이기 때문이다. 그러나 노동 제공의 대가인 임금은 이른바 한계생산력(marginal productivity)[4]을 기준으로 평가되고, 소수의 자본가와 다수의 노동자 사이에서 이루어지는 불공정한 계약 관행 때문에 경제적 약자들의 소득은 낮아질 수밖에 없다. 이에 따라 부자(자본가)와 빈자(노동자) 간의 소득 격차가 갈수록 벌어지게 되어 사회적 갈등의 골은 더욱 깊어지고 있다.

시장 경제를 이끄는 '보이지 않는 손'(시장경제기구)은 경쟁에 참여한 각 경제 주체들의 능력에 따라서 경쟁의 결과를 배분하게 된다. 이 결과 자본가는 더 많이 벌게 되고, 노동자는 더 적게 버는 일이 반복되면서 빈부 격차가 더욱 현저해지고 사회 양극화 현상은 보다 심화된다. 이러한 보이지 않는 손의 실패(시장 실패)를 시정하기 위하여 정부의 적절한 시장 개입이 요구된다. 그러나 법과 제도를 통하여 나라를 다스리거나(행정부), 제도 자체를 고치거나(입법부), 제도 적용상의 잘잘못을 가리는(사법부) 분야에서 일하

4) 노동 제공의 대가인 임금은 추가적인 고용에 의한 추가적인 산출 효과에 의해서 결정된다. 따라서 임금 수준은 노동 인력의 평균생산성보다는 낮은 한계생산력 수준에서 결정되기 마련이다.

고 있는 우리 사회의 지도층도 자신들이 누리고 있는 기득권 유지 차원에서 제도 개혁에는 소극적일 수밖에 없다.

이러한 경로를 거쳐서 40여 년간 계속되어 왔던 한국 경제의 고도성장 과정에서 소득 양극화에 의한 부익부 빈익빈(富益富 貧益貧) 현상은 심화되어 왔다. 성장을 강조하는 보수와 분배를 강조하는 진보로 우리 사회도 크게 나누어졌다.

보수는 기업가들이 더 많은 돈을 벌기 위하여 시장경쟁을 하는 과정에서 경제도 성장하고 국부(國富)도 커지기 때문에, 정부의 시장 간섭을 최소화하는 작은 정부 체제로 기업의 자유로운 경쟁 환경을 조성해야 한다고 주장한다. 그러나 진보는 우리 사회의 소득 양극화 현상을 치유하기 위해서는 정부가 나서서 일자리를 만들고, 증세(增稅)가 어려우면 국채(國債)를 발행해서라도 경제적 약자의 소득을 이전(移轉所得)의 형태로 직접 지불해야 한다고 주장한다.

문재인 정부는 신자유주의적인 경제 정책의 폐해를 강조하는 진보 계층의 지지를 받아서 큰 정부 체제를 지향하면서 출발하였다. 경제적 약자의 소득을 국가 재정으로 지원하는 이른바 소득주도성장 정책(所得主導成長政策)을 내걸었다. 이에 따라 문재인 정부 출범 5년 만에 예산은 출범 초의 400조 원에서 연간 8.5%씩 늘어나서 600조 원으로, 그리고 국가채무는 415조 원 이상 증가하였다([그림 4-2]).

그림 4-2 역대 정부별 국가부채 증가폭 (단위: 조 원, %)

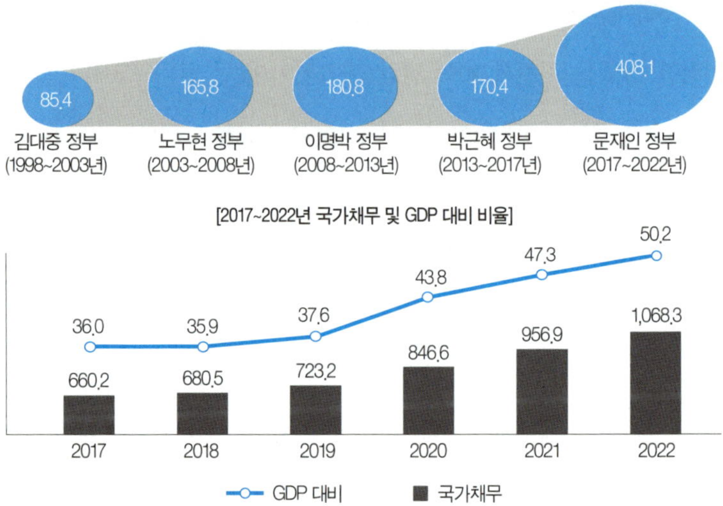

자료: 기획재정부.

그러나 규제를 강화하고 '퍼주기' 예산을 확보하기 위해 '부자 증세(增稅)'라는 수단을 취한 큰 정부 체제로는 10년 넘게 계속되고 있는 우리 경제의 저성장 터널을 벗어나기 어렵다. 기업들의 의욕적인 사업 확장에 대한 동기 부여 없이는 경제 활성화를 기대하기 어렵고, 경제적 약자들의 소득 향상에 의한 형평(衡平) 실현도 기대하기 어렵다. 경제 활성화에 의한 성장이 이루어지지 않으면 나누어 먹을 빵 덩어리가 커질 수 없기 때문이다.

문재인 진보 정권이 물러나고 윤석열 보수 정권이 들어섰다. 그러나 국회는 절대다수가 진보 정치인들이다. 행정 권력(정부)과 입법 권력(국회)을 보수와 진보가 각각 차지한 채, 세(勢) 과시 차원의 힘겨루기와 상대방 허물 들추기 등 명분 없는 정쟁(政爭)만 이어질 뿐, 성장의 불씨를 되살리려는 정치권의 노력은 찾아보기 어려운 것이 우리 사회의 안타까운 현실이다.

불행히도 1997년의 IMF 외환위기 같은 금융위기가 이 땅에 다시 내습한다면, 1998년의 금 모으기 운동 같은 국민의 위기극복 노력이 다시 재연되기를 기대하기는 어렵다. 왜냐하면 매월 1,400만 원씩 비과세 대통령 연금을 받는 외에도, 1개 소대 병력보다 많은 38명의 경호 인력에 의한 보호를 받고 호사스럽게 살고 있는 전직 대통령이 이 땅에 다시 금융위기를 불러들인 정책 실패의 장본인이기 때문이다. 지도층이 노블레스 오블리주(noblesse oblige)[5]를 실천하지 않는데 어찌 민중이 나라 위기 구하기에 나서기를 기대할 수 있겠는가?

무엇보다 모든 국민이 희망을 품고 일할 수 있는 사회 분위기를 만들어 내야 한다. 이를 위해서는 지속 가능한 경제성장과 공정한 분배를 가능하게 하는 한국 경제의 새로운 발전 모형을 정치권이 머리를 맞대고 도출

5) "귀족은 의무를 진다"는 뜻의 프랑스어 표현이다. 일반적으로 사회 고위층 인사들에게 요구되는 높은 수준의 도덕적 의무를 의미한다. 비과세 대통령 연금은 국민개세주의(國民皆稅主義)를 천명하고 있는 헌법 제38조에도 위반되는 게 아닌가?

하고 제시해야 한다.

30여 년간 계속되었던 한국 경제의 고도성장 시대는 끝났다. 그러나 새로운 성장 모형을 제시하고 국력을 집중시켜 나가야 할 정치권은 그야말로 지리멸렬 상태이다. 이것이 한국 경제위기의 눈에 보이지 않는 실체이다. 심각한 사회 양극화 현상을 치유하여 국력을 집중시킬 수 없다면, 저성장의 늪에서 탈출하기를 기대하기 어렵다.

3) 미흡한 한국 경제의 구조 개혁

문재인 정부는 임기 동안에 이념 지향적인 경제 정책을 줄기차게 시행하였다. 국회는 기업규제 3법을 비롯하여 무려 4,000건이 넘는 규제 법안을 쏟아냈다. 이 결과 기업의 자유로운 경쟁 생태계는 왜곡되어 민간 부문의 역동성이 크게 위축되었다. 특히 문 정부의 소득주도성장 정책은 임기 5년간에 국가부채를 건국 이후 박근혜 정부까지의 역대 정부 70년간에 쌓아왔던 총액 660조 2,000억 원의 38.6%에 해당하는 415조 5,000억 원이나 늘려서 미래 세대의 부담을 가중시켰다. 특히 주택 정책의 실패로 서울의 중위(中位) 가격대의 아파트를 중위소득으로 구매하는 데 걸리는 기간을 11년(2016년 11월 기준)에서 20년(2021년 12월 기준)으로 두 배 가까이 늘려 놓았다. 이 결과 청년들의 '내 집 장만의 꿈'도 사라지게 되었다.

무엇보다 경제 운영의 중심을 정부에서 민간으로 되돌려 놓아야 하고, 규제 위주의 시장 기능 억제로부터 시장 기능 활성화로 전환함으로써 경제의 역동성을 되살려야 한다. 이와 함께 성장을 뒷받침하는 정부의 재정과 사회안전망(social safety net)을 확충하기 위한 정부의 재정 사이의 지속 가능한 균형을 회복시켜야 우리 경제의 안정적인 성장을 기대할 수 있다.

세계 경제는 바야흐로 퍼펙트 스톰(perfect storm)[6]에 직면해 있다. 코로나 팬데믹에 대응하는 과정에서 주요국의 과다한 돈 풀기 정책의 결과, 인플레이션(통화 팽창에 의한 물가 상승) 위협에 직면하고 있을 뿐만 아니라 경기침체로 인한 스태그플레이션[7] 마저 크게 우려되고 있기 때문이다.

미국은 이미 40년 만에 최고 수준의 인플레이션을 겪고 있다. 여기에다 러시아의 우크라이나 침공 전쟁으로 식량과 원유(oil)를 비롯한 주요 원자재의 공급 충격마저 겹쳐짐에 따라 인플레이션 위협은 앞으로 더 심각해질 수도 있다. 인플레이션은 가계의 실질 구매력을 떨어뜨리므로 소비 위축으로 이어져서 결국 경기 후퇴에 의한 스태그플레이션으로 악화될 가능성마저 커진다. 이에 따라 세계 무역시장의 위축은 불가피해지고, 국내총생산의 44%를 수출에 의존하고 있는 한국 경제는 침체로 이어질 수밖에

6) 한꺼번에 여러 가지 안 좋은 일이 겹쳐져서 더 할 수 없이 나쁜 상황을 말한다. 여러 가지 악재(惡材)가 겹친 초대형 경제위기를 일컫는 표현이다.
7) 경제불황 속에서 물가 상승이 동시에 발생하는 상태, stagnation(경기침체)과 inflation을 합성한 신조어이다.

없다.

한국 경제의 장기 침체 국면에 대응하기 위해서는 경제의 구조 개혁이 시급히 이루어져야 한다. 그러나 한국 사회는 초고령 사회로 진입하여 사회의 역동성이 크게 떨어져 있고, 반도체와 자동차를 제외한 제조업 전반의 경쟁력은 투자 부진과 근로 인력 부족으로 심각한 위기에 직면해 있다.

먼저, 저출산에 따른 인구 감소와 고령화로 인한 노동 공급 축소가 자본의 한계생산성 감소로 이어져서 자본의 성장기여도도 동반 하락하고 있다. KDI 발표[8]에 따르면, 총요소생산성 증가율은 1991~2000년 2.3%에서 2001~2010년에는 1.9%, 그리고 2011~2019년에는 0.7%를 기록하였다. 노동 공급 감소로 인한 악영향을 완화하기 위해서는 경제 구조 개혁을 통한 총요소생산성 개선이 필수적이다. 만약에 우리 사회가 초고령 사회 시대 진입에 대응하여 연금 개혁을 비롯해서 지속 가능한 사회안전망 구축에 실패하면, 그리고 적절한 해외 인력 확보에 실패하면 우리나라는 돌이킬 수 없는 저성장의 수렁에 빠질 수밖에 없다.

다음으로, 반도체를 제외한 제조업의 경쟁력은 투자 부진으로 심각한 위기 상황에 직면해 있다. 2017년부터 2020년까지 4년간 반도체를 제외한 제조업의 연간 평균 설비 투자액은 2016년의 84% 수준에 불과하였

8) KDI, 「장기 경제성장률 전망과 시사점」, 2022. 12.

다. 이러한 투자 부진은 제조업의 경쟁력 후퇴로 이어졌다. 예컨대, 2021년 제조업의 공급 규모는 2016년보다 국산은 1.6% 감소하였지만 수입은 33.5%가 증가함으로써 한국 제조업의 경쟁력이 크게 떨어졌음을 보여 주고 있다.

여기에다 우리나라의 최대 교역국인 대중국 수출 감소 현상도 지속되고 있다. 한국의 대중국 수출은 2010~2020년까지 전체 수출의 25% 수준을 유지해 왔으나 2021년부터 하락세를 지속하다가 2023년 1~7월간에는 19.6%로 떨어졌다. 이러한 대중국 수출 감소에 따른 실질 GDP 감소 효과는 1.2% 비중으로 추정된다.[9)]

중국 시장에서 점유율이 하락하고 있는 우리 기업의 경쟁력을 회복시키기 위해서는 신기술 신산업 위주의 산업 구조 개편이 필요하다. 세계 경제의 장기 침체 국면에 대응하는 최선의 대응책은 우리 경제의 구조 개혁이다. 생산성과 경쟁력을 강화하는 투자 확대 정책을 시행하되, 재정 건전성도 동시에 제고시킬 수 있는 정책을 일관되게 추진해야 한다는 어려운 문제를 우리 경제는 풀어 나가야 하고 정치권은 이를 강력하게 뒷받침해야 한다.

9) 현대경제연구원, 「대중국 수출감소가 한국경제에 미치는 영향과 시사점」, 2023. 8.

2. 경제민주화 실현을 통한 국민의 경제의지 회복

1) 동반성장에 의한 사회 양극화 해소

절대빈곤 상태를 극복하기 위하여 우리 정부는 경제개발 초기에 성장 제일주의(成長第一主義)를 선택하였다. 소수의 선택받은 기업가에게 자본을 비롯한 자원을 집중적으로 배분하는 산업화 정책을 집행하였는데, 기업가들은 자본과 노동을 동원하여 생산을 이끌었다. 내수(內需)산업에서 출발하여 수입대체(代替)산업, 그리고 수출산업으로 사업 규모와 영역을 확장해 나갔다. 국민들은 '일하고 또 일하는 해'를 보내면서 숙명처럼 이어져 오던 가난을 극복하기 위하여 세계가 경탄해 마지않던 장기간 노동 시간에도 군말 없이 힘을 모았다. 산업화 성장 정책은 기적처럼 성공하였고, 숙명처럼 이어져 오던 절대빈곤을 훌륭하게 벗어나서 선진국 진입마저 성공시켰다. 그러나 이때부터가 문제였다.

성장 제일주의 시대를 거치는 동안에 누적되었던 부(富)의 불공평한 분배와 경제력의 소수 집중 현상에 대한 국민의 반발이 점차 거세졌다. 이러한 사회적 분위기가 형성되는 와중 미국에서 2008년 세계 금융위기를 겪는 과정에서 '1%의 부자를 위한 99%의 빈자의 희생'에 대해 반발하며 성장과 실(果實)의 분배 질서 개선 요구가 거세게 제기되었다. 이에 따라 우리 국민

사이에서도 반기업 정서(反企業情緖)가 크게 확산하기 시작하였다.

그러나 기업들은 자유로운 경영활동을 제약하고 있는 강력한 규제(規制)를 완화 내지 해소해야 한다고 한결같이 주장하고 있다. 최소한 경쟁국보다 더 강력한 규제가 계속된다면 기업들은 사업장의 해외 이전을 보다 적극적으로 모색할 수밖에 없고, 이에 따라 성장을 통한 좋은 일자리 창출은 보다 어려워질 수밖에 없다는 것이다.

심각해진 사회 양극화 현상이 결국 우리 경제의 성장 동력을 크게 훼손하고 있는 결과로 이어지고 있다. 이를 어떻게 해결할 것인가?

대한민국 헌법 제119조 제2항은 "……경제의 민주화를 위하여 경제에 관한 규제와 조정을 할 수 있다"라고 규정하고 있다. 즉, 모든 국민에게 경쟁에 참여할 수 있는 공평한 기회와 함께, 경제활동 성과에 대한 공정한 배분기회를 보장해 주기 위하여 정부가 시장 간섭을 통하여 분배를 조정하는 일이 경제민주화를 실현하는 일이고, 이를 위한 정부 역할을 헌법에서 보장해 주고 있다. 우리나라에서 경제민주화가 새삼스럽게 강조되기 시작한 것은 이명박 정부 이후부터였다.

이른바 'MB노믹스'에 의해서 대기업 위주의 성장 정책 선택으로 얻어진 성장의 과실이 보다 아래 계층의 경제 주체들에게도 파급되어 경제 전체의 발전으로 이어진다는 낙수 효과(落水效果, tricle-down effect)가 제대로 발휘되지 않았다는 비판적 견해들이 점차 커졌다. 이에 따라서 대기업의 승자독식

(勝者獨食)과 빈곤층의 상대적인 박탈감을 교정하기 위한 수단으로 경제민주화가 사회적 이슈(issue)로 떠오르게 된 것이다.

경제민주화 실현을 위하여 문재인 정부는 소득주도성장 정책을 내세웠다. 2008년 세계 금융위기 이후 계속되고 있는 경기침체 현상을 극복하기 위해서는 총수요, 특히 내수소비의 부족 현상을 극복해야 한다는 입장에서 노동자들의 일자리와 임금을 우선으로 늘려서 소비 확장을 유도함으로써 새로운 경제성장을 이룰 수 있다는 입장이 이 정책의 핵심이었다. 이를 위하여 이른바 핀셋 증세 방식으로 부유층에 대한 세금을 늘리고 이를 저소득층을 위한 복지 정책에 우선으로 배분함으로써 분수 효과(fountain effect)를 창출해야 한다는 것이었다.

그러나 소득주도성장 정책의 시행 성과는 참담한 실패로 귀결되었다. 급격한 최저임금 인상 때문에 저소득층(일용직 단순 노동자)의 일자리가 먼저 줄어들었기 때문이다. 최저임금이 가파르게 오르면 고용주는 인건비 지불 부담이 커지기 때문에 주로 일용직(단순 노동자)의 고용부터 줄이는 선택을 하게 된다. 이에 따라서 노동조합의 보호를 받지 못하는 단순 노동자의 고용은 빠르게 줄어들었고, 부익부 빈익빈 현상은 오히려 확대되는 결과로까지 이어진 것이다.

우리 경제의 성장 동력을 훼손하고 있는 사회 양극화 현상은 경제성장의 과실을 분배하는 현행 방식을 바꾸지 않으면 해소될 수 없다. 기업들은 자유로운 경영활동을 제약하고 있는 우리나라의 강력한 규제를 해소하거나 완화해야 한다고 요구하고 있다. 그러나 국민들 사이에 널리 만연되고 있는 반기업 정서를 완화시키지 못한다면 새로운 성장 동력을 확보하기는 어렵다.

무엇보다 경제적 강자(대기업)와 경제적 약자(소기업이나 노동자)가 더불어 성장할 수 있는 성장과실의 분배 방식을 바꾸어 내야 한다. 성장의 과실을 함께 나누어서 다 같이 성장할 수 있는 동반성장(同伴成長)의 새로운 길을 열어야 한다. 동반성장은 경제 전체의 빵 덩어리를 크게 하되, 이를 참여자에게 나누는 분배의 틀을 조금 바꾸자는 것이다.

한국의 GDP가 100을 생산하고 있는데, 이 총생산물 중에서 80은 부유한 계층에, 그리고 20은 가난한 계층에 분배되고 있다고 하자. 동반성장이 추구하는 것은 현재의 GDP를 100에서 110으로 키우되, 추가로 늘어난 과실 10을 좀 더 형평성 있게 분배하는 것이다. 즉, 성장으로 인해 추가로 얻는 10의 과실을 종전처럼 부자와 빈자 간에 8:2로 나누는 대신에, 4:6으로 나누어서 부자의 소득은 84로, 그리고 빈자의 소득은 26이 되게 하자는 것이다. 말하자면 부자와 빈자가 모두 성장의 과실은 얻게 되지만, 빈자의 소득 증가분이 부자의 그것보다 조금이라도 더 크게 하자는 것이다.[10)]

이를 통해서 빈자들의 일하려는 의지도 북돋우고, 국민들의 반기업적

10) 정운찬, 『한국경제 동반성장 자본주의』, 2021, pp. 45~46.

정서도 완화시켜 나갈 수 있을 것이다.

고도성장 시대 이후 이 땅에 자리 잡아 왔던 승자독식의 기업 문화를 수정하여 경제민주화를 실현해야 한다. 이를 통하여 한국인의 일하려는 의지를 새로 북돋우지 못하면 점차 악화되고 있는 국제 경제 환경에 맞서서 한국 경제의 새로운 성장 활로를 개척하기는 어렵다.

2) 정치권이 먼저 달라져야 한다

이제는 정치가 바뀌어야 한다. 케케묵은 '성장'이나 '분배' 담론에서 벗어나서 국민의 삶의 현장에 뛰어들어 이해 당사자 간의 '상생협약'을 이끌어 내는 모습을 보여야 한다. 또한 전 국민을 좌우 양쪽으로 갈라놓았던 진영 논리를 폐기해야 한다. 나라 경제가 망하면 좌파든 우파든 가리지 않고 같이 망할 수밖에 없다. 우리 경제의 새로운 성장을 위해 상생협약을 통하여 국민의 힘을 하나로 모아내야 한다.

기업 문화도 바뀌어야 한다. 이제는 기업성장의 열매를 전체 국민, 특히 다수의 가난한 자와 공유할 때가 왔다. 정치권이 앞장서서 기업의 목표를 '주주이익 극대화'에서 '이해관계자 상생'으로 바꾸도록 당근과 채찍으로 이끌어야 한다. 기업 경영인들도 종업원, 협력업체, 소비자 및 지역공동체와 함께 경영 성과를 나누고, 함께 번영하겠다는 주주 의지를 정관에 포함시켜서 기업의 윤리적 경영 문화를 이 땅에 정착시켜야 한다. 사회적 지위가 높고 많이 가진 자들부터 먼저 변하지 않으면 한국 경제가 당면하고 있는 저성장의 터널에서 벗어나기는 어렵다.

코로나 팬데믹은 세계화 시대의 종말을 이끌었다. 세계 경제 질서의 대전환을 맞이한 요즘의 시대를 사람들은 '뷰카(VUCA) 시대'라고 한다. 사회가 급변하고(volatile), 불확실하고(uncertain), 복잡하고(complex), 모호한(ambiguous) 상태라는 의미이다.

사회 시스템 개혁은 뷰카 시대에서 살아남기 위한 필수적 과제이다. 새로운 사회 시스템 구축이 미래를 위해서 반드시 이루어 내야 할 과제라면, 기득권의 저항을 넘어서는 사회적 합의를 정치권이 반드시 이끌어 내야 한다.

현재 한국 경제는 또다시 '3고(高)'의 어려움에 처해서 휘청이고 있다. 물가, 금리, 환율의 파고(波高)가 너무 높다. 과거 한국 경제는 두 번의 3고 현상을 겪었는데, 전두환 정부(1980) 때와 김대중 정부(1998) 때였다. 전두환 정부 때는 운이 좋았다. 세계 경제가 저금리, 저유가, 저달러로 바로 돌아섰기 때문이다. 김대중 정부는 IT(정보 기술)산업과 벤처(venture)라는 새로운 먹거리로 위기에서 탈출할 수 있었다. 그러나 현재는 세계 경제가 모두 불황 국면에 처해 있기 때문에 전두환 정부 때와 같은 3저(低) 현상을 기대하기는 힘들며 새로운 먹거리마저 찾기 어렵다.

결국 국민의 일하려는 의지가 부활되기를 고대할 수밖에 없다. 그러나 이를 부활시켜 이끌고 나가야 할 정치권은 우리 사회의 최우선 개혁 대상이다. 이념을 앞세운 이전투구(泥田鬪狗)식의 계파 이익 추구 정치, 그리고 승자독식의 일방적 정치가 주류를 형성하면서 편가르기와 극성 지지층에게 아부하는 팬덤 정치만 극성을 부리고 있기 때문이다.

430년 전에 이순신 장군은 "신에게는 아직 전선(戰船)이 12척이나 있습니다"(今臣戰船尙有十二)라는 장계를 올렸다. 제대로 된 나라라면 이러한 위험 상황에 처해서도 안되고, 이런 처절한 외침이 나와서도 안된다. 그러나 오늘의 정치권에는 미래에 관한 활발한 논의 자체가 없다. 나라의 미래를 위한 정책 논쟁은 사라지고 트집 잡기와 네 탓 논쟁으로 아까운 시간을 허송하고 있다.

그러나 시대가 정치권에 요구하는 것은 과거사의 잘잘못을 가리기 위한 논쟁이 아니라, 미래 먹거리를 확보하기 위한 방법에 대한 치열한 논의이다. 비록 정답이 아닐지라도 정답을 찾기 위한 치열하고 투명한 논의 과정을 통해서 국민의 경제활동을 하려는 의지도 되살릴 수 있을 것이기 때문이다.

국가부채가 크게 증가하고 있는데도 불구하고 정치권의 포퓰리즘(populism)은 전혀 사그라들지 않고 있다. 과도한 선심성 지출(善心性 支出)로 국가 재정을 악화시킬 수밖에 없는 지역공약 사업과 같은 대형 SOC(social overhead capital)사업의 추진도 정치권에 의해서 촉진될 우려마저 커지고 있기 때문이다. 여야 정치권이 최근에 예타(예비적 타당성) 기준을 기획재정위원회 경제재정소위원회에서 만장일치로 완화시킨 것이야말로 정치권 전체가 포퓰리즘에 깊이 오염되었음을 보여 준 사건이다.

정치인이 제일 먼저 변해야 한다. 전체 국민의 사랑을 받는 우리 사회의 지도자로 변신해야 한다. 국고만 축내고 계파 이익 실현에만 충실한 정치인은 마땅히 축출되어야 한다. 국론을 분열시키는 일 이외에는 뚜렷이 하는 일이 없는 국회의원 수를 절반 수준으로 줄여야 한다. 만약 이것이 어렵다면, 국회의원에게 베풀어지는 세비(歲費)를 포함한 사회적 보상(특혜)을 절반 수준으로 낮추어서 나랏일 이외의 집단활동에 소요되는 비용이라도 못쓰게 해야 한다. 왜 사적 이익(私的利益)을 추구하기 위한 정치인의 활동 비용을 세금으로 충당해 주어야 하는가?

선출직 공직자의 일하는 자세가 변화하면 임명직 공직자의 근무 자세는 변할 수밖에 없다. 이에 따라서 나랏일을 최우선 순위로 하여 국민을 섬기는 공직 풍토가 강하게 형성되면 공직자의 영(令)은 권위를 되찾게 될 것이고 국민의 경제활동을 하려는 의지도 되살아날 것이다. 무엇보다 우리 사회의 정치부터 바꿔야 한다. 오죽하면 '정치한다'는 말이 '사기친다'는 말로 희화화(戲畫化)되었겠는가?

전 국민을 좌파니 우파니 하면서 두 편으로 갈라놓고 있는 망국적인 진영 논리는 마땅히 폐기해야 한다. 나라 경제가 망가지고 있는데 좌파가 어디 있고 우파가 어디 있겠는가?

우리 경제가 직면하고 있는 장기 저성장의 늪은 우리 사회의 고질적 병폐의 하나인 정치판 개혁의 강력한 빌미를 제공하고 있다.

3. 새로운 먹거리를 찾아라

1) 먹거리 찾기 위한 조국 근대화의 힘든 여정(旅程)

조선 역사 가운데 영조와 정조 시기는 르네상스기로 후세 사가(史家)들은 평가하고 있다. 영조는 탕평책(蕩平策)을 실시하여 인재를 고르게 등용하고, 균역법(均役法)을 실시하여 백성들의 군역(軍役) 부담을 반으로 줄였다. 흉년에 대비하기 위한 환곡(還穀)의 비축량(備蓄量)도 사상 최대치로 늘렸다. 정조는 규장각(奎章閣)을 설치하여 학문을 진흥시키고, 금난전권(禁亂廛權)을 철폐하여 상업의 자유화를 유도하였다. 그 결과 조선 시대 최고의 태평성대를 누릴 수 있었다.

그러나 영조 시대에도 굶어 죽은 백성들이 수십만에서 백만 명 가까이 나왔고, 정조 시대에도 봄철에 빌려 먹은 환곡을 갚지 못해서 야반도주(夜半逃走)하는 백성들이 줄을 이었다. 이들의 밀린 세금을 받아내기 위한 인징(隣徵: 이웃에게 대신 받아냄), 족징(族徵: 가족이나 친척에게 대신 받아냄), 백골징포(白骨徵布: 이미 죽은 사람을 살아 있는 것으로 군적에 올리고 세금을 징수하는 행위) 등의 관(官)의 횡포가 빈번하게 일어났다.[11)]

조선 시대 실학자(實學者) 정약용은 33세 때 정조의 명으로 암행어사가 되어 경기도 적성을 지나면서 다음과 같은 시를 남겼다.

적성촌(積城村)에서

시냇가 헌 집 한 채 뚝배기 같고
북풍에 이엉 걷혀 서까래만 앙상하네
묵은 재에 눈이 덮여 부엌은 차디차고
체 눈처럼 뚫린 벽에 별빛만 비쳐 드네

집 안에 있는 물건 쓸쓸하기 짝이 없어
모두 모아 팔아도 칠팔 푼이 안되겠네
개꼬리 같은 조이삭 세 줄기
닭창자같이 비틀어진 고추 한 꿰미…

어린 것 헤진 옷은 어깨 팔뚝 다 나왔고
날 때부터 바지 버선 걸쳐 보지 못하였네

11) 오호성, 『조선기근사(朝鮮飢饉史)』, 2022.

큰 아이 다섯 살에 기병(騎兵)으로 등록되고
세 살난 작은 놈 군적(軍籍)에 올라 있어
두 아들 세공(歲貢)으로 오백 푼 물고 나니
빨리 죽기 바라는데 옷이 다 무엇이랴…

지난 봄 꾸어 먹은 환자미(還子米)가 닷 말인데
금년에도 이 꼴이니 무슨 수로 살아가랴
오호라! 이런 집이 천지에 가득한데
구중궁궐 깊고 멀어 어찌 다 살펴보랴

(茶山詩選, 송재소 역)

계속되는 가뭄과 홍수 등 기상 이변의 영향으로 흉작(凶作)이 심하였던 조선 시대 숙종, 현종, 영조 때는 백성들이 배고프다고 우는 아이를 나무에 묶어 두고, 부잣집 문 앞에 버리고 도망가는 일마저 부지기수로 일어났다. 나라에서는 유기아(遺棄兒)가 하도 많아서 길가에 버린 아이를 데려다 죽는 것을 면하게 해주면 평생 노비(奴婢)로 삼는 것을 허용하였다. 흉년에 버려진 아이를 몇 달 거두어 먹이면 노비로 삼는 것을 허용하는 정부가 바로 조선 시대 정부의 모습이었다. 이러한 경제 악화가 계속되는 상황에서 국력이 쇠잔해진 끝에 조선은 결국 일본의 식민지로 전락하였던 것이다.

굶주림을 벗어나고자 하는 백성들의 먹거리 찾기 전쟁은 일제(日帝) 식민지 시절과 한국전쟁으로 폐허로 변해 버린 삶의 터전에서도 계속 이어졌다. 1960년 우리나라의 산업 구조는 취업자의 60% 이상, 그리고 국민총생산(GDP)의 37%를 농어업 부문이 차지하고 있는 전통적인 농업 중심 사회였다. 농업의 비중은 높았지만, 해마다 봄철이 되면 보릿고개를 넘지 못한 절량농가(絶糧農家)가 속출하여 신문의 사회면을 장식하였다. 초근목피(草根木皮)로 연명하다가 영양 부족으로 숨진 아사자(餓死者)마저 속출하였다.

"5,000년 묵은 가난 5년 안에 벗어나자"라는 혁명 구호를 앞세운 박정희 정권은 국민들의 새로운 일자리 창출을 위하여 몇 차례에 걸친 경제개발 5개년 계획을 세우고 가용(可用)한 모든 자원을 여기에 쏟아부었다.

조국 근대화(祖國近代化)의 역사는 새로운 일자리의 창출로 시작되었다. 농업 부문에 과잉 취업하고 있는 유휴(遊休) 노동력에게 비농(非農) 부문, 즉 공업과 서비스 부문에서 새로운 일자리를 만들어서 제공하였다. 협소하고 구매력이 취약한 내수시장(內需市場)보다는 광대한 수출시장 개척을 목표로 정부와 민간의 동원 가능한 모든 자원을 집중시켰다.

『세계는 넓고 할 일은 많다』라는 김우중 대우그룹 회장의 유명한 저서도 이때 발간되어 수많은 젊은이의 가슴을 뛰게 하였다. 그리고 현재도 우즈베키스탄의 수도 타슈켄트에서는 우리나라에서는 보기 어려운 대우자동차가 거리를 질주하는 광경을 흔히 볼 수 있다. 처음에는 와이셔츠 등 의류 수출을 위해서 세계를 촘촘히 누비다가 중앙아시아에 자동차 수출까지 성사시켰던 기업가들의 꺾이지 않는 도전 정신이 오늘날의 수출 한국을 일구어 내었고, 절대빈곤의 터널에서 헤매고 있던 한국을 일약 세계의 선진국으로 자리 잡게 한 원동력이었다. 그리고 이를 확고하게 뒷받침해 준 정치 지도력이 있었음을 감히 부인하기 어렵다.

2) 먹거리 판이 통째로 흔들리고 있다

(1) 한국 경제의 위기 경고음이 울리고 있다

우리나라의 1인당 국민총소득(GNI)은 경제개발을 막 시작할 때인 1963년에 100달러를 넘어섰고, 1977년에 1,000달러, 1994년에 1만 달러, 2006년에 2만 달러, 그리고 2017년에 3만 달러(3만 1,349달러) 고지에 올라섰다. 국민소득 3만 달러는 선진국 진입 기준으로 통한다. 그러나 3만 달러 문턱을 넘어선 지 5년이 지난 2022년에는 겨우 6.52%가 증가한 3만 3,393달러에 머무르고 있다.

무엇보다 2020년에 시작된 코로나 팬데믹이 몰고 온 자국 이기주의(自國利己主義) 강화로 인한 세계화 질서의 붕괴, 그리고 미국과 중국 간의 패권경쟁으로 인한 글로벌 공급망의 붕괴와 분열이 한국 경제의 저성장에 가장 크게 영향을 미쳤다. 우리나라는 세계화의 진전으로 형성된 국제적 분업 체제에 편승하여 수출을 통해서 국부를 쌓아 왔는데 수출 기반 자체가 허물어졌기 때문이다. 또한 세계에서 가장 낮은 출산율로 인한 생산연령인구의 감소로 한국 경제의 성장 잠재력마저 갈수록 떨어지고 있다.

여기에다 중국의 경제 악화로 인한 수입 감소 현상도 큰 영향을 미쳤다. 코로나 팬데믹으로 국경 봉쇄 조치가 진행되면서 값싼 노동력을 찾아서 중국으로 몰려들었던 외국 기업들이 사업장을 인도, 베트남 등지로 이동하면서, '세계의 공장' 중국으로 원재료와 반제품을 실어나르던 한국의 수출이 크게 줄어들었기 때문이다. 특히 한국의 수출을 앞장서서 견인해오던 반도체의 수요와 가격이 동반 하락하는 가운데, 반도체 수출 부진이 전체 수출 부진을 이끌고 있는 큰 흐름이 최근까지 계속되고 있다.

2022년 3월에 무역적자가 발생하였을 당시만 해도, 중국 시장의 재개방과 반도체 경기가 회복되면 무역수지는 다시 흑자로 반전할 것으로 기대하는 분위기가 지배적이었다. 그러나 2022년 10월부터 대중국 무역수지마저 적자로 반전하더니 그 추세가 계속해서 이어지고 있다.

보다 중요한 것은 코로나 팬데믹 대응 과정에서 미국의 자국 우선주의(America first)에 입각한 공급망 내재화(內在化)[12] 정책의 영향이다. 미국은

12) 반도체 공급망은 수십 년간에 걸쳐서 세계 각 지역 간 전문화, 분업화 체계가 완성되었다. 설계는 미국이, 제조 및 후공정 분야는 노동 비용이 저렴한 동아시아 국가들이 참여하면서 공정별·지역별 분업화가 자리를 잡았다. 그러나 미국이 코로나 팬데믹 이후 공급망 안전을 확보하기 위해서 반도체 제조 분야의 모든 공정을 자국 내로 끌어모으는 내재화 정책을 선택하였다. 삼성과 SK의 대규모 미국 투자(2021)도 공급망 내재화를 위한 미국 정책의 일환 때문이라고 해석된다.

반도체 공급망을 자국 중심으로 재편하기 위해서 반도체 연구개발 및 국내 생산설비 구축 지원과 인재 유치를 위한 경제적 유인(incentives) 확대 정책을 강화하고 있다.

미국의 공급망 내재화 정책은 한국의 수출시장 위축과 함께 수출주도성장 정책의 지속을 위협하고 있다. 반도체가 수출의 16.5%(2022)를 차지하고 있는 한국으로서는 미국의 반도체 공급망 내재화에 동참하는 것은 큰 위험 요인이 된다. 반도체 수출시장의 41%를 차지하는 중국을 버리고 8%에 불과한 미국 시장을 선택한다면, 수출 위축뿐만 아니라 성장, 소득, 일자리 창출 등 전 부문에서 부정적인 연쇄 효과를 벗어날 수 없기 때문이다.

(2) 급변하고 있는 국제 경제 환경

미국의 바이든 정부는 궁극적으로 '미국 기업에 의한 미국 내 생산'을 중심으로 모든 공급망을 재편할 기세마저 보이고 있다. 세계 무역 질서가 자유무역에서 보호무역으로 전환하는 흐름을 미국이 앞장서서 이끌고 있는 것이다. 수출이 주도하는 경제성장 정책을 시행하고 있는 한국의 입장에서는 큰 위협이 닥쳐오고 있는 셈이다.

윤석열 정부의 외교 정책은 미국 편향(偏向)이 뚜렷하다. 이 때문에 중국의 반발이 거세지면서 대중국 수출이 줄어들고 무역수지가 적자로 전환되고 있다. 중국 경제의 공급망에서 한국이 점차 배제되고 있기 때문일 것이다. 중국도 미국을 따라서 공급망 내재화를 본격적으로 추진할 경우, 우리의 수출주도 경제성장 전략의 또 다른 축이 붕괴된다는 것과 다를 바 없다.

그렇다고 해서 수출주도의 경제성장 전략을 바꿀 수도 없다. 우리의 내수시장 규모가 너무 작기 때문이다. 미국 편향적 외교 정책의 선택도 불가피하다. 미국 핵우산의 보호 없이는 북한의 핵 위협에 맞서서 국가 안보를 지켜내기 어렵다. 또한 미국의 축적된 기초적 원천 기술의 제공이 없이는 첨단산업의 진흥에 의한 신제품 개발이 어렵다.

한때 세계 시장을 석권하고 있던 소니와 도시바 등 일본 전자 제품이 삼성과 LG 등 한국 기업들에게 밀려서 뒷자리로 물러난 이유 중 하나가 미국의 기술 이전 제한 정책 때문이었다는 사실을 우리는 잘 알고 있기 때문이다.

코로나 팬데믹 이후, 글로벌 경제위기가 심화되고 있는 가운데 미국의 중국 견제 내지 적대 정책이 강화되고 있다. 이 결과 값싸고 풍부한 노동력을 앞세워서 중국이 차지하였던 거대한 세계 시장 몫(share)이 줄어들면서 최근 한국의 대중국 수출이 크게 줄어들자 한국 경제도 침체의 수렁에 빠져들고 있다.

문제는 미국의 다양한 경제 제재 속에서 세계의 공장, 중국이 잃어 가고 있는 세계 시장 몫을 우리나라가 얼마만큼 차지할 수 있을 것이냐 하는 데 있다. 값싸고 풍부한 노동력을 앞세우는 베트남이나 인도가 중국이 잃어 가고 있는 시장을 차지할 것으로 전망하는 사람들도 많다. 그러나 값싼 노동력이 국제 경쟁력의 중요한 요소였던 시대는 이미 저물어 가고 있다. 인공지능(AI)과 로봇이 인간의 노동을 대체하고 있는 4차 산업혁명 시대가 본격적으로 열리고 있기 때문이다.

한국은 세계가 인정하는 정보통신(IT) 강국이다. 세계에서 손꼽을 정도로 IT 기술과 자료(data) 기반이 잘 갖추어져 있기 때문에 중국이 장악하고 있던 세계 시장 몫의 상당 부분을 흡수할 가능성이 높다. 또한 미국과 중국 간의 직거래 무역 수요가 미·중 간의 대결구도 심화 때문에 줄어들면서 이를 한국을 통한 간접 거래로 대체될 가능성마저 커지고 있다. 최근 들어서 중국 기업들의 한국 이전을 위한 새만금이나 호남 지역에 대한 토지 매입 수요가 커지고 있음이 이를 반영한다.

급격한 경제·경영 환경의 변화에 현명하게 대처하는 길은 우리가 잘할 수 있고, 더 잘할 수 있는 일에서 찾아야 한다. 환경 변화를 두려워하지 않는 과감한 도전 정신이야말로 절대빈곤 국가로부터 선진국으로의 진입을 성공시킨 우리 민족 저력(底力)의 실체인 것이다.

최근 들어 한국항공우주산업(KAI)이 제작한 첨단 초음속 전투기 KF-21(보라매)에 대한 국제적 관심이 높아지고 있다. 잠재적 수출 대상국은 폴란드와 이라크, 필리핀, 태국, 인도, 사우디아라비아 등이다. 중국이 러시아제 짝퉁 전투기를 만들어서 파는 시장에 미국의 철 지난 기술을 한국에 넘겨서 값싼 항공기를 만들어 팔게 하고 그 수익을 나누도록 하는 방식을 미국이 선택하였기 때문이다. 미국이 자체 사용하는 F-22 렙터 같은 최첨단 고가 전투기가 아닌 저가 전투기를 만들어 팔기에는 러시아나 중국과 비교해서 가격경쟁이 안되기 때문에 동맹국인 동시에 가성비(價性比)[13]가 높은 한국을 미국이 선택한 것이다. 그러므로 윤석열 정부의 미국 편향적 외교를 마냥 탓할 수만은 없다.

그렇다면 우리나라의 수출 효자 상품인 반도체를 비롯한 새로운 상품시장을 어떻게 열어 가야 할지 고민해야 한다. 세계 패권 국가인 미국의 강화된 자국 중심주의에 맞서기 위해서 자원 대국들이 결성하였던 기존의 브라질, 러시아, 인도, 남아공의 BRIS 체제가 최근에 사우디아라비아, 이란 등을 추가로 영입하여 새로운 경제 협의체를 발족시키는 등 국제 경제 질서도 변화 움직임을 보이고 있다. 이러한 변화에 대응하고 미국의 지나친 간섭과 압력을 견제하면서 우리의 수출시장을 확장해 나가야 한다. 어떤 새로운 상품과 새로운 수출 지역을 개척하여야 우리의 수출주도성장 전략을 이어나갈 수 있을 것인가?

13) 가격에 비교한 성능의 크기 비율.

3) 우리 경제의 새로운 먹거리 찾기

(1) 중후장대 산업에서 활로를 찾자

박정희 대통령이 추진하였던 조국 근대화 사업의 핵심은 공업화 성장이었다. 처음에는 가발과 섬유산업 등 풍부한 노동력에 의존하는 경공업(輕工業) 제품에서부터 시작하였다. 그러다가 점차 철강, 석유화학, 조선 등 중화학공업으로 이행되면서 한국을 농업 중심 국가로부터 공업 중심 국가로 경제체질 자체를 바꾸어 놓았다. 이에 따라 경제개발 초기에 한국의 고도 경제성장을 앞에서 이끈 산업은 조선, 자동차, 석유화학 같은 이른바 중후장대(重厚長大) 산업이었다.

정보통신 혁명이 진행되면서 한국의 중심 산업은 반도체 등 정보통신(IT)산업, 즉 경박단소(輕薄短小) 산업으로 옮겨졌다. 세계적인 정보통신 혁명이 진행되는 동안에 한국의 IT산업은 국부를 늘리고 고용을 창출하였다. 그러나 코로나 팬데믹 이후 미국의 공급망 내재화 정책의 강력한 추진과 중국 경기의 급랭(急冷)에 따라 반도체 수출이 크게 줄어들었다. 사상 최대 호황을 누리던 반도체 경기가 얼어붙으면서 무역수지 적자폭은 최근 들어 위험 수위에 이르고 있다. 최근에 진행되었던 삼성과 SK의 미국 공장 건설을 위한 대규모 투자 역시 한국 IT 제품의 수출 잠재력을 궁극적으로는 잠식할 수밖에 없을 것이다.

그러므로 새로운 먹거리 산업은 우리의 관심권 밖으로 밀려났던 중후장대 산업에서 찾는 게 가장 먼저일 수밖에 없다. 한국이 세계에서 가장 잘할 수 있는 산업은 산업적 기반이 잘 갖추어진 조선, 자동차, 자동차 부품, 석유화학 등의 산업이고, 이들 산업은 인도, 태국, 베트남 등 후발 개발도상국이 하고 싶어도 엄두도 못 내는 거대한 장치(裝置)산업이다. 중후장대 산업에 한국의 앞선 디지털 기술을 덧입히면 새로운 시장을 우리 경제는 얼마든지 열어 갈 수 있다.

단지 중후장대 산업이 하나같이 당면하고 있는 인력난(人力難)부터 해결하고, 국제 경쟁력 향상과 함께 국내 생산 기업 간의 지나친 경쟁을 피하기 위한 구조 조정에 정부가 힘을 실어 주어야 한다. 외국인 노동자에게 단기 비자가 아니라 장기 비자 발급을 확대하고, 궁극적으로는 국내에서 살면서 일할 수 있도록 이민 정책도 바꾸어야 한다.

러시아의 우크라이나 침공 전쟁 이후, 세계 각국은 집단안보 체제에 지나치게 의존해 왔던 자신들의 빈약한 전쟁 무기 보유 실태에 하나같이 불안감을 느꼈다. 이에 따라서 적의 공격을 방어할 수 있는 고성능인 동시에 가성비 좋은 무기 수입에 큰 관심을 보이고 있다. 이러한 분위기에 힘입어 폴란드는 한국 현대로템의 K2 전차 1,000대, 한화의 K9 자주포 600대 이상 그리고 한국항공우주산업의 4.5세대 전투기 FA-50 48대를 폴란드에 공급하는 사상 최대 규모(4조 원대)의 무기 수출계약을 체결하였다. 미국은 우크라이나에 제공하기 위한 포탄 10만 발을 한국으로부터 구매하기도 하였다. 한국 무기의 고성능과 높은 가성비는 전쟁 위협에 처해 있는 대만과 동유럽 국가에게 충분한 매력과 구매 동기를 제공하고 있다. 한국은 미국, 러시아, 프랑스에 이은 세계 4위 무기 수출국 진입을 목표로 하고 있다. 이를 위해서 한국은 영국, 이탈리아, 독일, 중국과 경쟁해 더 많은 무기를 판매해야 한다.

북한의 끊임없는 전쟁 위협에 노출된 한국은 군 현대화(軍現代化) 계획을 세우고, 이를 위한 재원 조달을 위해서 일찍부터 방위세(防衛稅)를 도입하였다. 이 결과로 모든 기초 무기는 물론이고 자주포, 전차 등 장갑 체계를 포함한 군 현대화 무기 체계의 완성을 위한 생산 체계를 구축하였다. 또한 세계 무기 생산 1위 국가인 미국으로부터 신기술 도입과 함께 자체 기술개발에 국력을 집중시켜 왔다. 경남 창원을 거점으로 무기 생산과 성능 시험을 위한 기반 시설까지 갖추었다.

한국이 가진 기후와 지형 조건은 개발된 무기의 시험장(試驗場)으로서 최적의 조건을 갖추고 있다. 영하의 추운 겨울부터 섭씨 30℃ 이상의 여름 더위까지 4계절이 분명한 날씨와 함께 평지와 산악, 그리고 하천까지의 다양한 지형을 모두 갖추고 있기 때문에 세계 각국의 다양한 무기 수요에 가장 잘 대응할 수 있는 장점마저 보유하고 있다.

만약 한국이 세계 최대 방산(防産)시장인 미국과의 보완·협조 관계만 잘 유지할 수 있다면, 한국의 방위산업은 새로운 수출 효자산업으로 자리매김할 수도 있다. 미국은 군사비로 매년 8,000억 달러 이상을 지출하고 있다. 그러나 미국은 생산비가 너무 많이 들기 때문에 스스로 만들 필요가 없는 무기는 만들지 않는다. 그러므로 미국과 경쟁하기보다는 보완하는 파트너로서 자리매김하고 세계 무기시장에서 차지하는 몫을 꾸준히 늘려 가면 한국의 무기산업은 새로운 한국의 성장 동력 산업이 될 가능성이 크다. 우리 방산산업이 성장하는 것은 북한의 무력 도발 의지를 사전적으로 봉쇄시키는 전쟁 억제 효과도 있다. 우리 경제가 얻을 수 있는 또 하나의 덤이다.

석유화학공업 역시 우리나라의 공업화 초기에 큰 역할을 담당하였다. 수입한 석유에서 추출한 나일론을 비롯한 섬유로 옷감을 만들어서 세계 시장에 판매하였다. 석유에서 추출한 비닐, 플라스틱 등 공업 원료로 온갖 집기와 건축자재를 생산해서 거의 모든 산업의 기초적인 자재로 활용하고 있다. 이러한 석유화학 제품을 한 단계 더 발전시켜 세계, 특히 개발도상국을 대상으로 하는 수출 상품으로 키워 내는 일에 한 번 더 힘을 모아야 한다.

반도체 수출 위축의 피해를 그나마 최소화시키고 있는 것은 자동차 수출의 견고한 지속성이다. 그러나 자동차 수출 역시 전기 자동차의 생산 능력에 달려 있고, 이는 희토류 등 배터리 제조에 필요한 원료 확보 능력의 강화 여부에 달려 있다. 그러나 희토류나 니켈 등 광물 자원의 중국 의존도가 너무 높아 언제든 요소수 파동 같은 어려움에 다시 처할 수도 있다. 그러므로 몽골, 그린란드 등 희토류를 비롯한 희귀 광물 자원 보유국에 대한 자원개발에도 국력을 모아 나가야 한다.

반도체와 같은 경박단소 산업이 국제 시장에서 밀리면 조선, 철강, 석유화학 같은 중후장대 산업이 치고 나가서 이를 보완하는 산업 구조를 만들어야 한다. 중후장대 산업은 원료 공급을 쉽게 받을 수 있는 해안가에 주로 자리 잡고 있다. 따라서 중후장대 산업이 다시 활성화되면 소멸 위험에 처해 있는 해안에 인접한 지방 도시들의 활성화에도 크게 기여하는 효과도 누릴 수 있게 될 것이다.

(2) 잊혀진 산업, 농업을 앞장세워 새 길을 열자

스위스는 알프스산맥에 둘러싸인 아름다운 자연을 관광산업화하였는데, 그중에서 융프라우(Jungfrau)는 산악여행의 백미(白眉)로 산 정상에는 만년설(萬年雪)이 쌓여 있을 정도로 몹시 춥다. 산악 열차를 타고 융프라우 정상에 가면 맨 먼저 만나는 것이 사람들의 긴 줄이다. 한국산 컵라면을 사들고 뜨거운 물을 받기 위한 줄이다. 한국 가요(K-pop)에 심취한 세계인들이 한국 식품(K-food)를 맛보기 위해서 차례를 기다리고 있는 긴 줄을 보면서 한국 농업은 잊혀진 산업이 되어서는 안된다는 생각을 하는 사람도

그림 4-3 농림축산물 수출입 추이와 식량 자급률(1970~2020) (단위: 백만 달러, %)

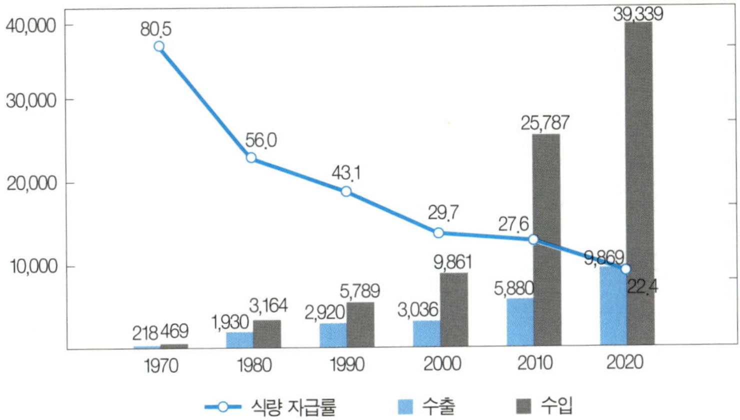

자료: 농림축산식품부, 『농림축산식품 주요통계』, 2022.

많아지고 있다.

국내총생산(GDP) 중에서 농림어업의 비중은 1970년의 26.0%에서 2000년에는 3.88%로, 그리고 2021년에는 1.77%로 지속적으로 하락하여 국민경제에서 차지하는 비중이 대단히 미약한 산업이 되었다. 농가 인구가 총인구에서 차지하는 비중도 1970년의 44.7%에서 2021년에는 4.3%로 1/10 수준으로 떨어졌다. 특히 15~29세 사이의 청년층 노동력이 전체 농림어업 취업자 중에서 차지하는 비중은 1970년의 31.6%에서 2.3%로 떨어진 대신에 60세 이상의 노령 노동자의 비중은 6.4%에서 69.2%로 대폭 늘어났다.

농업 부문 이외의 일자리를 도시에서 구하기 어려운 노인들만 농촌에 남아서 농사를 짓고 있는 형국인 것이다.

지난 50년 동안(1970~2020) 한국 경제는 수출산업 선도적인 경제성장 정책을 선택하였다. 이 과정에서 농산물 수입의 급증에 의한 식량 자급률이 80.5%에서 22.4%로 떨어졌다. 농림축산물의 수입은 84배 늘어났지만 수출은 수입의 절반 정도인 45배 늘어났다([그림 4-3]). 좁은 국토에서 많은 인구를 부양해야 한다는 점, 그리고 소득성장의 결과로 보다 많은 고급 식품을 소비하게 된다는 점 등을 미루어서 농산물 수입액이 늘어나는 것을 탓할 수만은 없다. 그러나 식량 자급률의 급락은 식량 안보를 위협한다. 만약 우크라이나와 같은 전쟁이 우리나라에서 돌발적으로 일어난다면 그리고 해상 운송로가 막힌다면 국민 5명 중에서 4명은 식량 부족으로 고통을 겪을 것이다.

농업 생산의 위축은 식량 생산의 감소뿐만 아니라 생산 과정에서 파급된 외부 경제 효과로서 공공재(public goods) 생산 기능마저 위축시킨다. 예컨대, 장마철에 전국 논 면적 73만ha에 갇히는 저수량은 14억 톤에 달한다.[14] 이 저수량은 국내의 홍수 조절용 6개 댐의 홍수 조절 수량 16억 톤의

14) 논둑의 높이가 평균 20cm이고, 이 중에서 3cm는 평상시에도 쌀농사를 위해서 저수되고 있기 때문에 이를 뺀 나머지 17cm 논둑에 담기는 물은 유사시에 물을 가두어서 홍수 조절 기능을 수행하는 유효 저수량이라고 볼 수 있다.

87%에 해당한다. 기상 이변에 따른 잦아진 장마로 홍수가 발생하면 논은 물을 담수함으로써 홍수 피해를 크게 줄이는 역할을 무보수로 수행한다. 또한 논에 담수되는 저수량은 지하수를 함양함으로써 건기(乾期)의 용수 공급에도 크게 기여한다.

단지 가격 조건만으로 국내 농업이 위축되면 시장에서 거래되지 않는 이러한 비교역적(非交易的)인 농업의 공익적 기능마저 동반 위축되기 때문에 우리 사회는 홍수 피해와 용수 부족으로 인한 사회적 비용을 추가로 지불해야 한다. 그러므로 농업이 생산하는 농산물의 시장 가격 크기만에 의해서 농업의 중요성을 과소평가해서는 안된다. 한국의 농지 가격은 주요 농산물 수출국인 미국이나 중국보다 훨씬 비싸고 농가 호당 경영 규모마저 지나치게 영세하다. 따라서 농산물 가격이 경쟁국보다 높기 때문에 가격을 기준으로 하는 국제 경쟁력은 낮을 수밖에 없다.

그럼에도 불구하고 농림축산식품의 수출은 빠른 속도로 늘어나고 있다. 최근 5년간(2017~2021) 국가 전체의 수출은 573,693백만 달러에서 644,400백만 달러로 연평균 2.35%씩 증가하였다. 그러나 농림축산식품 수출은 같은 기간 동안 6,826.5백만 달러에서 8,558.2백만 달러로 연평균 4.62%씩 증가하였다. 농림축산식품의 수출이 국가 전체 수출보다 무려 2배나 빠른 속도로 증가하고 있는 것이다.

이는 소득 증가에 따라 세계인의 식품 선택 기준이 가격보다는 맛이나 건강에 좋은 고품질의 프리미엄(premium) 식품으로 쏠리고 있기 때문이다. 여기에다 한국 가요나 한국 문화(K-culture)에 대한 세계인의 높아진 관심도 건강에 좋고 맛 좋은 한국 식품의 수출 확대에 기여하였을 것이다.

그러나 2023년도 국가 전체 예산은 총 607.7조 원으로 지난해보다 5.1% 증가하였음에도 불구하고, 농림축산식품부 예산의 전체 예산에 대한 비율은 지난해와 같은 2.8% 증가에 그쳤다. 농업 경시(輕視) 풍조가 문재인 정부에 이어서 윤석열 정부에서도 계속되고 있는 것이다.

최근에 한국의 대표적인 농업 공적개발원조(ODA)사업인 '아프리카 K-라이스 벨트(rice belt)' 구축사업이 국제적인 관심을 끌고 있다. 이미 세네갈에서는 우리나라의 다수성(多收性) '통일 벼' 품종을 기반으로 새롭게 개발한 이스리(ISRIZ)가 기존 품종 대비 2배 수준의 수량성(收量性)을 보이며 빠르게 보급되고 있다. 아프리카에서는 옥수수, 사탕수수를 주식으로 삼고 있지만, 최근에는 쌀 소비량도 꾸준히 증가해서 수요량의 절반 이상을 수입하고 있다. 또한 아프리카에서는 장립종 계열의 쌀을 주로 소비하지만, 한국 쌀이 조리도 간편하고 외관도 좋아 고급 쌀로 평가되고 있다. 우리나라의 남는 쌀을 원조하고 쌀 품종을 개발, 지원하여 이 지역의 만성적인 기아 개선이 이루어진다면, 한국에 대한 호감도가 높아져서 아프리카 지역 시장에 대한 한국 공산품의 새로운 수출시장 개척과 함께, 아프리카가 가지고 있는 풍부한 미개발 자원(기름, 광물)에 대한 접근의 길도 쉽게 열리지

그림 4-4 아프리카 K-라이스 벨트 대상 국가

자료: 농림축산식품부.

않겠는가?

한국은 정보화 강국으로 국제 사회에서 인정받고 있다. 여기에다 한국 가요와 한국 드라마(K-drama) 등으로 대표되는 세계 문화 강국인 동시에, 정보화 기술을 농업에 적용시킨 수직농업 기술[15] 강국으로서 개발도상국의 큰 관심을 받고 있으며, 최근에는 세계적인 다수확 품종 기술도 국제적으로 인정받고 있다. 이를 바탕으로 농업을 '마중물'로 앞장세워야 한다.

이를 통하여 우리가 필요한 자원 확보와 농식품이 아닌 다른 상품의

15) 외부 환경과 분리된 일정 시설 내에서 빛, 온·습도, 이산화탄소 등 환경 조건을 인공적으로 제어해 농산물을 계절이나 장소와 관계없이 연속 생산하는 시스템으로 식물공장이라는 용어로 쓰이기도 한다.

수출시장을 얻어 낼 수 있다면, 그리고 치열한 외교전쟁에서 국제적인 한국 지지국 수를 늘려 나갈 수 있다면 한국 농업은 우리 경제의 활로를 열어 나가는 또 하나의 숨은 선수 역할을 수행해 나갈 것으로 기대된다.

5 한국의 정체성 바로 세우자

1. 휴전협정 70년, 다시 써 내려가야 할 한국 역사
2. 평화 통일, 왜 어려운가?
3. 대한민국의 정체성 확립

1. 휴전협정 70년, 다시 써 내려가야 할 역사

1) 전쟁 없는 70년의 눈부신 성취와 과제

2023년은 휴전협정 70주년이 되는 해이자, 한미동맹 70주년이 되는 해이다. 휴전협정은 북한 인민군의 기습적 남침으로 빚어진 한국전쟁을 끝낸 협정이다. 따라서 한반도의 중앙을 가로지르는 휴전선(休戰線)은 남한과 북한의 단순한 국경 경계선이 아니라 자유 진영과 공산 진영이 한반도 전쟁을 통하여 합의한 세계 경계선으로서의 가치를 지니고 있다.

특히 휴전협정은 한미동맹을 조건으로 하여 성사되었으므로 한반도의 남쪽인 대한민국은 해양 세력인 미국의 군사적·경제적 지원을 전제 조건으로 하여 출범되었다고 할 수 있다. 이에 따라 대한민국은 유라시아 대륙 끝자리 반도에 위치한 대륙 국가가 아니라 대륙과의 연결이 확실하게 차단된 해양 국가로 전환되었다. 따라서 국민의식이나 정치 체제의 안정성, 그리고 외교적 성향과 지속성 측면에서 오늘날 대한민국의 출발점은 대한민국 정부가 수립된 1948년이라기보다는, 정전협정이 이루어진 해인 1953년이라고 볼 수도 있다.

해양 국가로 변신한 대한민국이 전쟁 없는 70년 동안에 이룩한 성공 지표들은 그야말로 휘황찬란하다. 무엇보다 보리 이삭이 여물기를 기다리며 초근목피(草根木皮)로 연명하던 나라가 쌀을 국제 사회에 원조하는 나라로 바뀌었다.[1] 우크라이나 전쟁을 계기로 한국산 무기의 높은 가성비가 세계적으로 인정받아 새로운 무기 수출국으로 급부상하고 있음도 빼놓을 수 없다. 가발과 섬유산업 등 값싼 인력에 주로 의존하였던 경공업에서 출발하여 첨단 기술과 장비를 활용하는 반도체산업에 이르기까지 산업 발전의 대장정(大長征)은 한국을 개발도상국에서 선진국으로 확실하게 지위를 상승시켰다.[2]

그러나 대한민국은 '지금까지' 이루어 놓은 경이로운 성취에서 눈을 돌리면 바로 눈앞에 '지금부터' 시작되고 있는 경제의 장기 침체와 인구 감소에 의한 국가소멸의 위기에 당면하고 있다.

대한민국은 2017년에 처음으로 국민소득 3만 달러 시대를 열었으나 6년째 3만 달러 초반을 헤매고 있다. 이른바 '국민소득 3만 달러'의 덫에 걸려서 장기 침체의 늪에서 허우적거리는 남유럽 3국(이탈리아, 스페인, 그리스)의 경험은 우리에게 시사하는 바가 크다. 특히 이탈리아는 2005년에 3만 달러를 돌파하였으나 작년(2022)까지 17년째 3만 달러의 벽을 넘지 못하고

1) 2018년부터 우리는 UN의 세계식량계획(WFP)을 통해서 매년 쌀 5만 톤을 지원하여 왔고, 2023년부터 지원량을 10만 톤으로 확대할 예정이다. 지원 대상국은 아프리카의 에티오피아, 케냐, 우간다와 아시아의 예멘, 시리아, 라오스 등지이다.

2) UN무역개발회의는 2021년 195개 회원국 만장일치로 한국의 지위를 기존의 개발도상국 그룹에서 선진국 그룹으로 변경하였다. UN 창설 이래 개발도상국에서 선진국으로 지위가 변경된 유일한 사례였다.

있다.[3)]

국민소득과 국내총생산(GDP) 개념을 처음으로 도입한 사이먼 쿠츠네츠(Simon Kutznetz, 1901~1985) 전 하버드 대학 교수(노벨 경제학상 수상자)는 세상에는 네 종류의 나라가 있다면서 선진국, 후진국, 그리고 일본과 아르헨티나가 가지고 있는 병증(病症)을 날카롭게 지적하였다. 대한민국은 절대빈곤국에서 출발하여 선진국의 입구에 이르기까지 단숨에 내달려 온 기적 같은 경제성장을 성공시켰지만, 쿠츠네츠 교수가 지적한 네 나라의 병증을 두루 발현(發現)하고 있는 안타까운 현실에 직면하고 있다.

첫째, 낮은 출산율(한국은 세계 최저 수준이다)과 낮은 저축률로 경제의 저성장 구도가 고착화되고 있는 이른바 '선진국병'에 걸려 있다.

둘째, 미래보다 과거 일에 집착하고, 과학보다 괴담을 앞세우면서 상대방을 헐뜯고, 끼리끼리 챙겨 주는 정치 사회 풍토와 동학혁명 노래인 죽창가를 불러대면서 세계 경제 환경의 변화에는 무관심한 퇴행적인 '후진국병'에 걸려 있다.

셋째, 경제 활력 감퇴와 국가부채 급증에 따라서 잃어버린 20년을 겪고 있는 '일본병'에 걸려 있다.

3) 2022년 이탈리아 국민 1인당 명목 GNI는 3만 5,710달러로 한국(3만 3,293달러)보다 2,307달러 높았다. 기본소득을 앞세운 좌파 정부들의 돈 풀기 정책이 국가부채를 키우고 과도한 부채는 성장을 낮추고 낮은 경제성장이 다시 부채를 늘리는 악순환을 거듭하고 있기 때문이다.

넷째, 파행적 노조 행태와 인기 우선의 포퓰리즘 정책으로 인한 사회 불안으로 반복적인 경제위기를 벗어나지 못하고 있는 '아르헨티나병'에 걸려 있다.

2) 북한의 전쟁 도발은 아예 없게 해야 한다

북한의 계속되고 있는 전쟁 도발도 숨겨진 위협이다. 중국의 경제위기가 심화되면서 중국 국민의 정부에 대한 불만도 점차 커지고 있다. 국민의 불만을 외부로 돌리기 위한 수단으로 중국의 대만 침공이 현실화될 가능성마저 커지고 있다. 만약 중국이 대만 침공을 단행한다면, 미국의 전력을 분산시키기 위한 수단의 하나로서 북한의 대한민국 침공을 부추길 가능성이 커진다.

핵무기 개발과 장거리 미사일 발사 실험 등으로 국제 사회의 강력한 경제 봉쇄 조치가 계속되는 가운데, 북한은 아사자(餓死者)마저 속출하고 있는 등 경제 악화가 심각한 상태이다. 북한 주민의 불만을 외부로 돌리기 위해서 북한이 전쟁을 선택할 가능성도 없지 않다. 북한의 김정은 국무위원장은 전술 핵무기를 대량 생산하고 핵탄두 보유량을 기하급수적으로 늘리겠다는 방침을 노동당 전원회의에서 밝히는 등 전쟁의지를 노골적으로 밝히고 있다.

그렇다면 북한이 핵무기를 사용해서 공격할 나라는 어디인가?

미국인가, 일본인가? 결국 대한민국 아닌가?

임진강 상류에 있는 황강댐의 무단 방류(無斷放流)가 좋은 증거이다. 황강댐은 북한이 10여 년 전에 임진강에 조성한 총저수량 3억 5,000만 톤의 대형 댐이다. 북한은 큰 비만 오면 우리 측의 거듭되는 요청에도 불구하고 사전 통지 없이 황강댐의 무단 방류를 계속해 왔다. 남한 주민들이 겪게 될 피해에는 아랑곳하지 않는 일관된 자세는 금년(2023) 홍수 발생 시에도 사전 통고 없이 계속되었다.

황강댐과 남한 측 대응 댐인 연천군 군남댐(총저수량 7,100만 톤) 간 거리는 57km에 불과하다. 군사 분계선 북쪽 42km 지점에 있는 황강댐의 무단 방류는 순식간에 군남댐을 거쳐서 남한 주민을 엄습하는 피해를 일으킨다. 북한은 가난한 형제국인가, 아니면 그들 표현대로 원수인 나라인가?

한반도는 대륙 세력과 해양 세력의 끊임없는 침략으로 역사 이후 5년마다 크고 작은 전쟁이 일어난 나라였다. 그렇지만 1953년 휴전협정이 체결된 이후 70년이 지나는 동안에는 전쟁이 일어나지 않았다. 그러나 현재에도 남과 북은 군비경쟁과 전쟁연습을 게을리하지 않고 있다. 몇 차례에 걸친 평화 정착을 위한 시범사업도 진행되었다. 금강산 관광사업이나 개성공단 운영사업이 그것이다. 그러나 북한의 일방적인 폐쇄 조치로 서로 간에 불신(不信)의 벽만 높이고 평화 정착 시도는 끝나고 말았다. 막대한 뒷

돈을 건네주고 북한으로 초청받아 평화 정착을 위한 막후 또는 사전적 협의를 시도한 정치인들도 속출하였다. 그들의 진정한 목적이 무엇이건 간에 '우리의 소원은 통일'이라는 국민적 염원(念願)에 합치되는 활동을 통해서 국민의 지지세(支持勢)를 불리려는 숨은 의도는 분명한 것 같다.

그렇다면 확실하게 밝히고 가야 할 일이 있다.

한반도에서 핵무기를 비롯한 대량 살상 무기까지 동원된 제2의 한국전쟁이 다시 일어날 수 있을 것인가? 남과 북의 군 통수권자가 아무리 비정상적인 전쟁광(戰爭狂)이라 할지라도 전쟁을 선택하도록 해서는 안된다. 이는 한반도의 모든 시설물을 초토화(焦土化)하고 많은 인명을 살해할 뿐만 아니라, 미래 세대들까지 방사능에 오염시켜서 사람이 살아갈 수 없는 연옥(煉獄)의 땅으로 변화시킬 것이기 때문이다. 그러므로 이 땅에서 전쟁이 절대 일어나지 않도록 막아야 한다. 그래서 평화 정착을 위한 시범사업도 시도하였고, 몇 차례에 걸친 남북정상회담도 개최되었던 것이다. 그동안의 평화 정착 시도가 실패로 끝났다고 해서 남북한의 평화 공존을 포기하는 전쟁을 선택하는 것은 한민족 공멸(共滅)의 길을 선택하는 것에 다르지 않다.

그렇다면 통일을 포기해야 하는가? 그것은 남북한 정부 모두에게 넘어야 할 큰 장애물이 있다. 남한에는 헌법 제3조[4]가 이를 원천적으로 가로막

4) 대한민국 헌법 제3조는 "대한민국의 영토는 한반도와 그 부속 도서로 한다"라고 명문화하고 있다.

고 있다. 그러므로 통일을 포기하는 것은 명백한 위헌(違憲) 행위이다. 북한은 그들의 위대한 수령 김일성이 적화 통일(赤化統一)의 유훈(遺訓)을 남겼다. 이를 거스르는 것은 지극히 어려운 선택이다.

그렇다면 눈길을 잠시 미래 세대에게로 돌려보자.

2023년 3월 현재, 한국전쟁으로 인해서 고통을 겪고 살아남은 70세 이상 국민은 전체 국민의 11.9%에 해당하는 612만 8,000명이다. 그리고 왕성하게 일하고 있는 생산연령인구(15~64세)는 전체 국민의 72.5%에 해당하는 3,667만 5,000명이다. 문제는 우리 국민의 12% 정도만 '우리의 소원은 통일'이라는 노래를 기억하고 그 뜻을 이해한다는 점이다. 젊은 세대들은 아예 통일에 대한 관심조차 없다. 먹고 살기에도 현실이 너무 팍팍한 데다가, 내가 잘할 수 있는 신기술(IT 기술 등)을, 그리고 이 기술로 생산한 상품을 비싸게 사주는 미국, 일본 등 선진국의 동향에만 관심이 있을 뿐이다.

그들은 짜증 섞인 목소리로 반문하다. "통일, 그거 왜 해야 하는데요?" 그들에게 북한은 밑 빠진 독에 물 붓기 식으로 도와주어야 하고 수시로 도발하고 있는 지극히 가난하고 성가신 이웃 나라일 뿐인 것이다.

통일연구원의 통일에 대한 의식조사 보고서에 의하면, 남북이 한민족이라고 해서 반드시 하나의 국가를 이룰 필요는 없다는 이른바 '탈민족주의(脫民族主義) 통일관'을 선호하는 비율이 2017년 35.7%에서 2020년 46.9%로 지속적으로 커지고 있음을 알 수 있다. 또한 통일을 선호하는 비율은

그림 5-1 통일에 대한 국민의식 조사 (단위: %)

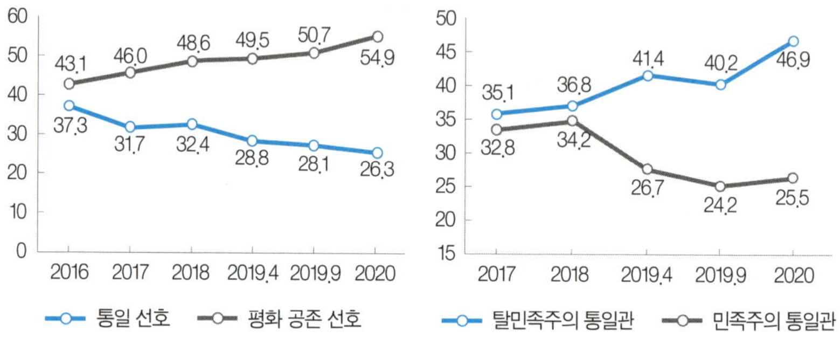

자료: 통일연구원, 2020. 12.

2016년 37.3%에서 2020년에는 26.3%로 갈수록 감소하고 있으나, 평화 공존을 선호하는 비율은 43.1%에서 54.9%로 계속해서 상승하고 있다.

사실상, 북한은 전제군주가 다스리던 이씨 왕조가 망한 뒤, 일본의 식민통치 이후에 세워진 김씨 왕조가 다스리는 나라이다. 똑같이 빨간 꽃을 열광적으로 흔들면서 외국 손님을 환영하는 구름 같은 군중 동원을 전제군주 시대가 아니면 어떻게 연출할 수 있겠는가?

북한 주민들은 지난 70년 동안 사회주의 통치 체제에 길들여져 일하면서 살아왔다. 주어진 노동 시간만 동원된 장소(일터)에 가서 일하면 똑같은 양식(糧食)을 배급받는다. 더 열심히 일할 필요도 없다. 단지 지도원의 명에 따르기만 하면 된다. 한국으로 건너온 중국 노동자와도 다르다. 중국 노동자들은 시장 경제의 물을 얼마라도 먹었기 때문에 열심히 일하는 대신에 추가로 일한 몫을 챙기는 데도 익숙하다. 그런데 북한 출신 노동자는 다르다. 이 때문에 탈북자(脫北者)의 한국 정착이 쉽지 않은 것이다.

그렇다면 남한과 북한이 서로 공멸할 수밖에 없는 전쟁을 피하면서 상대국의 체제를 상호 인정하고 필요한 경우에만 협력하면서 공존할 수 있는 방법은 없을 것인가? 있다. 유럽연합(Europe Union)에서 그 길을 배우고 우리에게 적용하면 된다. 휴전협정 70년을 맞이하여 선진국이 된 대한민국의 정체성(正體性)을 뚜렷이 세우고, 그 바탕 위에서 새로운 길을 열어가야 할 때가 왔다.

2. 평화 통일, 왜 어려운가?

1) 유럽연합의 경험과 교훈

유럽 대륙을 관광버스를 타고 일주 여행한 적이 있었다. 촘촘히 붙어 있는 각 나라 국경을 지날 때마다 성가신 검문이나 여권 검사를 받은 적이 단 한 번도 없었다. 사람들은 누구나 원하는 곳으로 국경을 넘어서 여행을 하고 학교에 다니며 직장을 구할 수 있다. 같은 화폐(Euro)를 쓰기 때문에 가는 곳마다 환전할 필요도 없다. 또한 공공질서를 크게 해치지 않는 한, 자신의 사상과 신념을 자유롭게 표현할 수 있다. 얼마나 놀랍고 부러운 일인가?

유럽연합은 유럽 대륙의 총 27개국을 회원국으로 하는 국가공동체이다. 전통적으로 유럽 대륙은 수많은 전쟁이 일어난 세계의 화약고였다. 특히 독일과 프랑스는 1870년에서 1945년 사이에 세 번이나 큰 전쟁을 벌였고, 그중에서 두 번은 세계대전으로 확장되기도 하였다. 특히 제2차 세계대전은 전 세계적으로 5,000만 명이 사망하고 수십 개의 도시가 완전히 파괴된 역사상 최대 규모의 전쟁이었다.

전쟁이 끝난 뒤, 유럽인들은 앞으로의 전쟁을 막고, 파괴된 유럽 지역을 재건할 지역협력 체제를 구축하는 데 뜻을 같이하였다. 먼저 전쟁 무기 제조의 원재료인 철강과 석탄의 공동관리기구인 유럽석탄철강공동체(European Coal and Steel Community: ECSC)가 1951년에 처음 만들어졌다. 이어서 1958년에 유럽경제공동체와 유럽원자력공동체가 창설되었고, 이 세 기구는 1967년 유럽공동체(European Community: EC)로 통합되었다. 아울러 회원국 정부들의 대표로 구성된 각료회의, 초국가적 집행기구인 각종 위원회, 그리고 유럽의회가 만들어져서 현재까지 유럽연합의 가장 중요한 제도로 기능하고 있다. 1992년에 유럽공동체는 드디어 현재의 유럽연합(Europe Union: EU)으로 탈바꿈되었다.

그림 5-2 유럽연합의 회원국

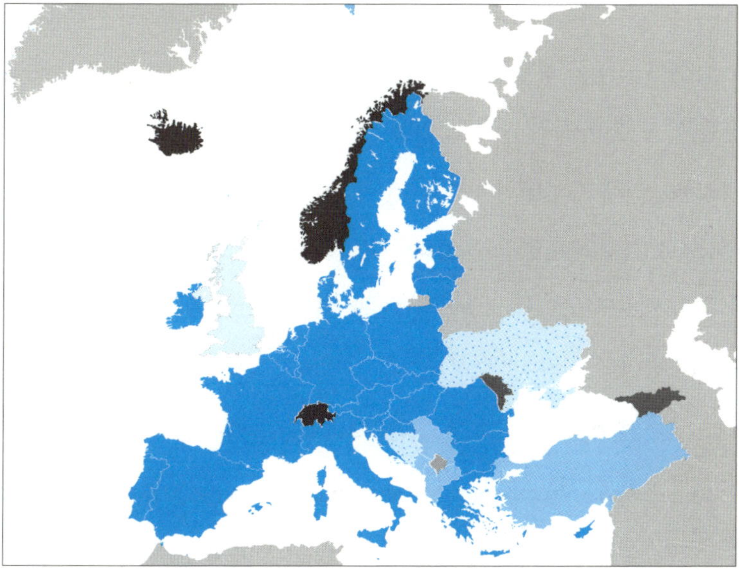

■ 회원국
□ 탈퇴국: 영국
■ 셍겐 조약 가입국: 노르웨이, 스위스, 아이슬란드(EU 미가입)
■ 후보국: 알바니아, 북마케도니아, 몬테네그로, 세르비아, 튀르키예
□ 신청국: 보스니아 헤르체고비나, 우크라이나
■ EUAA(유럽연합과의 협력협정) 체결국: 조지아, 몰도바
■ 신청 잠재 후보국: 코소보
■ 비가입국

자료: 위키백과.

유럽연합 내에서는 관세뿐만 아니라, 자본, 서비스, 상품, 인력의 자유로운 유통을 막는 모든 장벽이 폐지되었다. 회원국의 국민은 유럽연합의 어느 곳이든 자유롭게 여행할 수 있고, 차별 없이 교육받으며, 어떤 제한도 없이 일할 수 있게 된 것이다. 또한 유럽연합의 관할 범위도 경제적인

영역뿐만 아니라, 국방, 사법 등의 문제도 상호협력으로 풀어 나가고 있다. 인구 65만 명의 국민 1인당 소득 1위 국가(2023년 13만 2,372달러)인 도시국가 룩셈부르크도 유럽연합 회원국으로 참여하면서 자국의 고유한 문화적 전통과 주권을 지켜 나가고 있다.

2023년 현재 유럽연합에는 유럽 대륙의 독립된 주권을 가진 27개국이 회원국으로 가입되어 있고 유로라는 단일 통화를 쓰고 있다. 이 국경 없는 공동체에 소속된 국민들은 4억 5,000만 명에 이르고 있으므로 유럽연합은 세계 최대의 단일 시장이다. 현재까지 가입되지 않은 나머지 유럽 국가들도 우크라이나 전쟁 이후, 최소한 집단안보(集團安保)의 울타리에 들기 위해서 유럽연합 가입을 서두를 것으로 예측되는 만큼 유럽연합의 확장은 계속 진행될 전망이다.

2) 한반도 평화 정착을 위한 그동안의 정책 한계와 개선 방향

1988년 2월에 출범한 노태우 정부는 '민족자존과 통일번영을 위한 특별 선언'(7.7선언)을 발표하고, 한민족 공동체 통일 방안을 제시하였다. 남북 간에 누적된 불신과 대결의식, 이질화 현상을 그대로 둔 채 일시에 통일을 이룩한다는 것은 어려우므로, 먼저 교류와 협력을 통해서 민족공동체를 회복, 발전시키고 이를 바탕으로 하여 정치적 통일을 이룩할 수 있는 상태를 만들어 나가야 한다는 것이다. 이에 따라 우리 정부는 통일 국가로 나아가는 과도적 방안으로 남북연합을 제안한 반면에, 북한은 1960년대부터 계속 연방제 통일안을 주장해 왔다.

김대중 정부는 적극적인 대북포용 정책(햇볕 정책)을 선택하였다. 이에 따라 금강산 관광사업이 시작되었고, 분단 후 처음으로 제1차 남북정상회담(김대중, 김정일 회담)이 성사되었으며 '6.15 남북공동선언'이 발표되었다(2000. 6). 이 선언은 남측의 「남북연합」 안과 북측의 「낮은 단계의 연방제」 안이 서로 공통성이 있다고 인정하고 경제협력을 통해서 민족 경제를 균형적으로 발전시키며 협력과 교류를 활성화하기로 한 선언이다.

이 선언 이후 이산가족 상봉, 개성공단 건설과 운영, 경의선 철도 연결 등 사업을 개시하기로 합의하였다. 그러나 남한의 대북 지원이 계속되는 가운데에서 북한의 군사적 도발, 특히 핵 실험이 강행됨으로써 햇볕 정책은 거두어졌고, 모든 지원 정책은 핵 포기 후 지원으로 바뀌었다. 북한이 대북 전단 살포 등에 대한 남한 당국의 대응을 문제 삼아 개성의 남북 공동 연락사무소를 폭파한 사건(2020. 6. 16) 이후 남북한 관계는 다시 얼어붙었고, 햇볕 정책의 성과를 두고 이른바 남·남 갈등(보수와 진보의 갈등)마저 심화되었다.

왜 이런 불행한 사태가 반복되고 있는가? 그것은 북한과의 전쟁을 피하기 위한 남한의 모든 지원 정책의 최종 목표가 두 체제 간의 평화 공존이 아니라, 평화 통일이었기 때문이다. 만약 남한의 경제적 지원의 결과, 북한의 경제가 안정된 성장 기반을 갖추게 되었다고 가정하자. 그다음 단계는 남북한 두 나라 경제의 통합이고, 이를 실현하는 길은 남북의 정치적 통일에 의한 통일 국가 실현일 수밖에 없다. 그러나 남북한의 인구수나 경제력(국민총소득)에서 북한은 극단적인 열세이다. 인구는 남한의 50%이고 국민소득은 남한의 6% 수준이기 때문에 민주적인 방식에 의한 경쟁에서는 백전백패(百戰百敗)일 수밖에 없다.

통일이 실현되면 북한 주민들의 행복 수준은 명백하게 높아진다. 그러나 북한 지도층은 자리에서 물러나야 할지도 모른다. 그리고 철 지난 공산주의를 굳세게 지켜 온 정책 선택의 과오로 인해 처벌당할지도 모른다. 북한 지도층들이 어떻게 정치적 통일을 순순히 받아들이겠는가?

한반도 평화 정착을 위한 정책 선택의 최종 목표를 바꾸어야 한다. '평화 통일'에서 유럽연합의 '평화 공존'으로 확실하게 바꾸는 데서 새로운 길을 찾아야 한다. 한반도가 현실적으로 '1민족, 2국가, 2체제'라는 점을 인정해야 한다. 남북한이 UN에 동시에 가입한 지(1991. 9. 17) 30년이 지났다. 한반도에 두 개의 주권 국가가 있다는 국제 사회의 공인이 있었는데도 불구하고 구속력 없는 헌법 조항(제3조)을 내세우면서 흡수통합에 의한 통일을 추구하면 안된다. 서로의 다른 점을 인정하면서 경쟁적 구도가 아닌 협력적 구도에 의한 한반도 단일 시장 체제를 지향하는 경제공동체 건설을 지향하는 것이 보다 현실 적합성이 높고 실현 가능성도 높을 뿐만 아니라 국민의 높은 지지를 얻는 방법이 되지 않겠는가?

3. 대한민국의 정체성 확립

1) 국가정체성 확립, 왜 필요한가?

정체성(identity)은 존재의 본질 또는 이를 규명하는 성질이다. 정체성은 자기 내부에서 일관된 동일성을 유지하는 것과 다른 존재와의 관계에서 어떤 본질적인 특성을 지속적으로 공유하는 것 모두를 의미한다(위키백과).

한국 사회가 겪고 있는 사회적 갈등은 어지러울 정도로 심각하다. 경이로운 속도로 절대빈곤 상태를 탈출하여 선진국의 문턱을 넘어섰지만, 경제성장의 과실분배를 둘러싼 계층 간 갈등은 갈수록 심해지고 있다. 전 국민을 좌우 두 패로 갈라놓은 진영 논리마저 극성스럽게 번지고 있다. 여기에다 세계 최저 수준으로 떨어진 낮은 출산율에 의한 생산연령인구의 감소와 평균수명의 증가에 의한 노령층의 증가는 세대 간 갈등마저 보태고 있다.

대한민국은 어떤 나라인가, 어떤 나라로 되어야 하는가? 혹시 아르헨티나, 브라질, 베네수엘라와 같은 시장 경제와 사회주의 경제의 선택 속에서 방황하면서 만년 개발도상국의 함정에 빠져 허우적거리는 중남미 나라들같이 되기를 바라는 사람들은 없는가?

최근에 북한은 핵무기 탑재가 가능한 순항미사일 발사 실험을 성공시켰다(2023. 8). 순항미사일은 낮은 고도로 비행하기 때문에 비행 중에 격추가 어렵다고 한다. 드디어 북핵(北核) 위협마저 목전에 던져진 현실 문제가 되고 있는데도 불구하고, 미국의 핵우산과 국제 사회의 규탄성명이나 경제 제재 조치에만 의존하고 있는 한국은 국제 사회, 특히 미국의 식민지 정부가 다스리는 나라인가?

대한민국은 사회주의 경제 건설을 내세우는 북한 공산주의 정권에 맞서서, 시장 경제 원칙에 따른 자유로운 경쟁과 자원 배분에 의해서 성공적인 경제성장을 이루고 선진국으로 발돋움한 나라이다. 이 과정에서 우리나라 정체성의 가장 지배적인 담론(談論)은 반봉건, 반일본, 반공산, 반군사, 반독재 등에서 앞세운 반(反)이었다. 그러나 반을 내세우는 유용성은 일부 정치권에서 '반검찰독재' 등의 표현으로 사용하고는 있지만 설득력이 매우 약해졌다. 이제는 많은 국민들이 공감할 수 있는 새로운 국가정체성을 만들어 내야 할 때가 왔다.

대한민국은 한반도의 휴전선 아래 남쪽에서 30-50클럽에 가입한 선진국이 되었다. 이제는 선진국의 원조를 눈치를 보고 기다리는 약소국, 후진국이 아니라 후진국에 식량을 원조하는 당당한 선진국인 것이다. 또한 세계 시장을 무대로 일반 상품뿐만 아니라 문화(K-pop, K-culture)와 첨단 무기까지 수출하고 있는 당당한 중심국으로 부상하고 있는 나라인 것이다. 그러므로 변화된 국가 위상(位相)에 걸맞는 새로운 국가정체성을 세우고 이에 기반한 국가 전략을 다시 세워야 할 때가 왔다.

물질적인 지표를 중심으로 하여 평가되는 국력(國力)에 못지않게 국민의 정신적인 정체성이 국력 신장에 어울리도록 확실하게 바로 세워져야 국가의 지속적인 발전을 기약할 수 있기 때문이다. 남한에 사는 한국인으로서의 정체성뿐만 아니라 남과 북을 아우르는 한민족으로서의 정체성, 나아가서 세계 모든 국가와 협력관계를 유지하는 세계 시민으로서의 정체성을 바로 세워야 할 때인 것이다.

가장 먼저 세워야 할 정체성은 높은 경제성장률 실현을 목표로 하는 여태까지의 성장 제일주의적인 경제성장 정책을 경제적 약자와 성장과실을 공유하는 동반성장 정책으로 전환하는 것이다. 성장의 과실을 키우는 경제성장 정책은 계속 추진하되, 성장의 과실인 빵 덩어리를 경제적 약자들과 함께 나누는 분배 정책도 함께 강화시키는 정책개발과 시행이 절실히 요청되는 시점에 이르고 있기 때문이다. 경제 민주주의 실현을 위한 동반성장의 원칙을 뚜렷이 세워야만 한국인 고유의 일하고 또 일하는 의지의 부활을 기대할 수 있을 것이다.

비록 경제성장 속도는 다소 낮추어졌지만 국민의 복지 수준은 높아진 스웨덴, 핀란드 등 북유럽 국가들의 경험과 지나친 포퓰리즘적인 정책 선택으로 국가 경제가 망가지고 있는 그리스, 이탈리아 등 남유럽 국가들의 경험에서 우리가 올바른 길을 찾아서 적용해야 할 때가 온 것이다.

다음으로 시급하게 새로 세워야 할 정체성은 북한과의 정치적 통일이 아닌 평화 공존을 목표로 하는 통일 정책의 수정이다. 민족상잔(民族相殘)의 처참한 한국전쟁은 휴전협정으로 끝났고, 이후 70년 동안 이어져 온 전쟁 없는 평화 시대에서도 '우리의 소원은 통일'이라는 염원은 계속 이어져 왔다. 그래서 남북통일은 대한민국 외교의 대표적인 정체성이었다. 그동안 역대 정부는 북한과의 전쟁에 대비하기 위해서 국력을 기울여서 군비(軍備) 확충과 전투력 향상을 위한 전쟁 대비 훈련을 거듭해 왔다. 또한 한반도의 전쟁 재발을 막기 위한 남북정상회담을 비롯한 남북 경제협력사업을 추진해 왔다. 그러나 그 결과는 모두 무위(無爲)로 돌아갔고, 북한의 핵 위협은 눈앞에 펼쳐진 현실 문제가 되었다.

왜 북한은 남한의 경제협력 제의를 뿌리치고, 세계 각국의 경제 제재에도 불구하고 핵 개발과 미사일 개발에 국력을 집중하고 있는가? 그것은 남한 정부가 추진하고 있는 모든 정책의 궁극적인 목표가 '통일'에 있다고 보기 때문이다. 남북 대결 구조를 화해 구조로 전환시키는 기본 방향으로 노태우 정부가 천명한 것은 「민족자존과 '통일' 번영을 위한 특별 선언」(1988. 7. 7)과 「한민족 공동체 '통일' 방안」(1989. 9. 11)이었다. 그리고 김대중 정부가 선택한 햇볕 정책 역시 한반도의 평화적 '통일'이 궁극적인 목표였다.

통일이 실현되면 대륙의 자원과 시장에 대한 접근기회가 확대되고, 북한의 풍부한 지하자원과 인력을 남한의 앞선 기술 및 자본과 결합시킬 수 있기 때문에 한반도의 경제는 한 단계 더 높은 성장을 기대할 수 있다. 그리고 북한 주민의 소득도 함께 높아지는 효과를 창출할 수 있다. 그러나 막상 통일이 현실화된 이후에는 현재 북한 정치 지도층의 설자리를 찾기가 어렵다. 북한 지도층을 지지하는 국민의 숫자나 남북한 간의 국력 격차가 지나치게 크기 때문이다.

남한 정부가 궁극적으로 실현하고자 하는 것은 남북한의 평화적 통일이다. 그러나 북한의 현재 지배 계층은 통일이 되면 자리를 내놓아야 하는 전제군주 세습통치 체제이다. 그러므로 '통일 실현'이라는 궁극적인 목표를 가진 남한 정부의 모든 정책 제안은 거부될 수밖에 없는 제안일 뿐이다. 햇볕 정책으로 포장된 남한의 경제적 지원을 챙긴 뒤에는, 남북한이 당초에 합의했던 모든 경제협력사업을 깨버리는 이유가 여기에 있다.

그렇다면 남한 정부는 궁극적인 남북협력사업의 목표를 왜 '평화 통일'로 할 수밖에 없는가? 경협(經協)사업의 최종 목표에서 통일을 빼는 것은 대한민국 헌법 제3조를 정면으로 위반하는 위헌적인 정치 행위이기 때문이다.

1991년 9월 17일 남북한의 동시 UN 가입은 국제 사회가 남북한 정부의 주권(主權)을 같이 인정한 것이다. 그러므로 주권 국가의 고유 영토를 우리의 영토라고 주장하는 헌법을 지키는 것은 공허할 뿐만 아니라, 특히 현재의 북한 지배 계층에 대한 설득력이 낮다. 그러므로 '평화 통일' 추구에서 '평화 공존' 추구로 바꾸어야 한민족 공멸로 치닫고 있는 남북한 군사 대결 구도를 완화 내지 전환시킬 수 있다.

제2차 세계대전이 끝난 뒤, 유럽인들은 전쟁 없는 유럽 대륙을 만들어야 한다는 데 뜻을 같이하였다. 먼저 유럽석탄철강공동체(ECSC)가 만들어졌고(1951), 유럽경제공동체(EEC)에 이어서 유럽공동체(EC, 1967) 그리고 참가국과 공동사업의 범위를 확대한 유럽연합(EU, 1992)으로 발전시키고 있음은 앞서도 살핀 바와 같다.

남북한은 비록 같은 언어를 쓰는 동일한 민족이라고 할지라도 70년 이상을 서로 다른 정치, 경제 환경 속에서 살아왔기 때문에 이질화(異質化)된 영역이 적지 않다. 이 때문에 제도의 통일 과정에서 수많은 마찰과 비용 발생이 불가피하다. 정치제도의 통일로 만들어진 한반도 공동체가 대화와 타협 그리고 원만한 합의에 의한 지배 체제 구축에 실패하면 공동체는 다시 균열될 수도 있다. 무엇보다 통일 이후의 북한 지배 계층의 안전이 제도적으로 보장되지 않으면 통합 논의는 출발부터 어려워진다. 그러므로 성급한 통일보다는 점진적인 통합을 추구하는 평화 공존 추구가 보다 현실적인 선택이라 할 수 있다.

서로 이질적인 사회가 공존의 기반을 마련할 때, 모든 사회 영역을 동시에 통합하는 것은 불가능한 일이다. 가능한 일부터 시작해서 다음 단계의 통합 조건을 마련하는 점진적·단계적 통합을 이루어 내야 한다.[5]

한반도 평화 정착과 번영은 이 땅에 사는 한민족 모두에게 주어진 역사적 소명(召命)이다. 이를 실현시키기 위해서는 한민족 공동체의 결속력을 한군데로 모을 수 있는 정체성의 정립이 무엇보다 선행되어야 한다. 정체성은 공동체를 단단히 묶는 아교 역할을 하기 때문이다. 구성원 자신이 공동체의 일원이라는 소속감을 느끼고 자신의 삶과 공동체의 운명을 연결시킬 때 비로소 공동체의 힘을 한군데로 모을 수 있기 때문이다. 그러므로 무력(武力)에 의한 통일이나, 경제력에 의한 흡수 통일(吸收統一)을 앞세우는 것은 바람직하지 않다.

평화, 상생(相生), 공동번영을 추구하고 있는 유럽통합의 길을 본받아 적용하기 위해서는, 한국전쟁 이후 선택해 온 '북진 통일'에서부터 현재까지 이어지고 있는 '평화 통일' 정책을 과감히 철폐하고 '평화 공존'을 통해서 한민족의 힘을 하나로 모을 수 있는 통일 정책의 정체성을 뚜렷이 세워야 할 때가 온 것이다.

5) 통일부 통일교육원, 「한반도 평화정착과 유럽연합의 교훈」, 2005. 3.

그렇다면 남과 북의 정치적 통일은 포기하자는 것인가? 아니다. 70년 이상을 전혀 다른 사회제도와 환경에서 살아온 남북한 주민들이 머리를 맞대고 하나씩 체제통합 조건을 만들어 가는 시행착오를 거친 이후, 우리의 다음, 아니면 그다음 세대가 두 체제 간의 통일을 선택하도록 미래 세대에게 위임하자는 것이다. 그동안까지는 평화 속에서 공존하면서 두 체제의 궁극적인 통합을 성사시킬 수 있는 협력사업을 찾아 꾸준히 확대해 나가자는 것이다. 한민족 공멸의 길로 인도할 수도 있는 한반도에서의 핵전쟁을 피할 수 있는 어떤 다른 방법이 있겠는가?

2) 큰 정치의 모습이 보고 싶다

국가정체성을 시대나 환경의 변화에 알맞게 수정해서 바로 세우는 일은 국민을 대표하는 국회가 주도해야 한다, 우리나라는 대의 민주주의(代議民主主義, representative democracy)제도를 채택하고 있기 때문이다. 그러나 대한민국의 정치 중심인 국회는 국민들이 희망을 갖고 일할 수 있는 사회 분위기 조성에 실패하고 있다.

세계 경제의 장기침체 국면이 계속되고, 경제 민족주의(經濟民族主義)가 강화되면서 수출로 먹고사는 한국 경제의 위기가 계속되고 있는데도 불구하고 우리 경제의 새로운 성장 모형 창출을 위한 국회 차원의 논의 자체가 없다. 반도체의 수출 부진을 메꿔 나가야 할 조선, 철강, 중화학공업은 계속되어 온 신규 투자 부진과 근로 인력 부족 문제로 성장 잠재력이 크게 훼손되고 있음에도 불구하고 국회 차원의 정책개발 논의는 극히 제한적이다.

가진 자(자본가)와 못 가진 자(노동자) 간의 심각해지고 있는 사회 양극화 현상을 치유하여, 국민의 일할 의지를 불러일으킬 수 있는 경제민주화 실현을 위한 정책적 노력도 찾기 어렵다. 세계 최저 수준인 출산율로 일할 사람(청년층)은 줄어들고 부양받을 사람(노령층)은 늘어가는데도 불구하고, 해외 인재 영입을 위한 비자(visa) 정책의 개선이나, 경직된 이민(移民) 억제 정책을 개선하기 위한 정치권의 움직임도 보기 어렵다. 정년연장 시책이나 연금 개혁 문제, 그리고 수도권 인구 집중에 의한 지방소멸 문제에 대한 국회 차원의 논의나 대책 개발도 마찬가지이다.

핵무기를 운반할 수 있는 북한의 저고도 순환미사일의 한반도 상공을 가로지른 시험 발사가 성공해서 북한의 핵무기 공격이 현실 문제로 던져졌는데도 한반도의 평화 정착을 위한 정치권의 활발한 논의는 물론, 극한대결로 치닫고 있는 북한을 대화의 장으로 끌어내기 위한 어떠한 유인적 시책에 대한 고민조차 없다. 오로지 미국 핵우산의 방패만으로 한반도의 핵전쟁을 막을 수 있다고 생각한다면 그야말로 식민지 근성에 우리 정치권이 푹 절어 있다고 비난받아 마땅하지 않겠는가?

챗GPT는 4차 산업혁명의 결과로 만들어진 초지능(超知能)의 생성형 인공지능 산물이다. 챗GPT로 인한 리포트(report) 표절이나 기업 정보 유출 등 부작용을 막고 인공지능이 인간을 위한 신기술로 발전되도록 감시, 통제할 수 있는 국회 차원의 어떠한 정책개발 노력도 보이지 않는다.

대의 정치를 실현하기 위해서 국민이 선출한 정치권이 정치공학적인 갈라치기 전략에 의해서 전 국민을 좌파니, 우파니 하면서 두 쪽으로 갈라놓는 망국적인 진영 논리 외에는 눈에 들어오는 것이 없기 때문인가? 나라 경제가 저성장의 늪에서 헤어나지 못하고 있고, 국민이 핵전쟁의 위협에 노출되고 있는데 좌파가 어디 있고, 우파가 어디 있겠는가?

이재명 민주당 대표가 취임 1주년 기자회견을 하는 자리(2023. 8. 31)에서 "홍범도 장군 흉상 이전, 채 상병 순직 사건 수사, 서울-양평 간 고속도로 종점 변경, 일본 원전 오염수 방류 문제" 등을 거론하며 민생 파괴, 민주주의 훼손에 대한 대통령의 대국민 사죄와 전면적 국정 쇄신 및 개각 단행 등을 요구하면서 윤석열 정부에 대한 국민 항쟁을 불러일으키기 위한 무기한 단식 투쟁에 돌입하였다.

박근혜 대통령을 권좌(權座)에서 끌어내렸던 촛불 혁명의 촉발을 기대한 것 같지만, 결과는 거대 야당의 한심한 단면만 드러낸 채 24일간의 단식 투쟁은 실패로 끝날 것 같다. 왜냐하면 단식 이후, 이재명 의원 체포 동의안은 국회에서 가결되었고 민주당에 대한 지지율은 떨어지고 있고, 야당의 분열은 현실 문제로 대두되고 있기 때문이다.

집권 여당 소속 의원들의 책임이 더 크다. 비록 국회의 소수정당이라고 할지라도 나라의 이익과 국민의 행복을 실현하기 위한 정책정당의 모습이나, 한반도에 사는 한민족의 번영을 구현시킬 수 있는 국가정체성을 바로 세우기 위한 미래 지향적인 정책 제안이나 시도도 보여 주지 않았기 때문이다. 사사건건 대결과 비방 속에서 정치공학적인 표 계산에만 몰두하고 있는 현재의 정치권이 새로운 국가정체성을 뚜렷이 정립하기를 기대하기는 어렵다. 다음 총선에서 정치권의 물갈이가 요구되는 이유이다.

극성 지지층의 눈치만 살피는 이른바 팬덤 정치만 극성을 떨고 있는 가운데, 한국의 정치 1번지인 여의도에서 나라의 미래를 개척하기 위한 논의 자체가 없어진 지도 오래되었다. 특히 남북한 통일을 원하지 않는 청년 세대를 중심으로 한 국민의 비중이 늘어 가고 있음에도 불구하고, 이들에게 번영하는 한민족 공동체 수립의 필요성을 역설하는 정치인은 보기 어려웠다. 정치인을 좋아한다는 국민도 드물다. 대다수 국민의 신뢰와 존경을 잃은 정치인들이 어떻게 시대 변화에 합치되는 대한민국의 정체성을 바로 세우는 중차대(重且大)한 사명을 수행할 수 있겠는가?

그러므로 정체성 수립 문제는 차기 국회인 제22대 국회로 넘겨질 수밖에 없다. 오늘날 대한민국은 한반도 전체 국부(國富)의 90%를 생산하고 있는 한반도를 대표하는 주도적(主導的) 국가이다. 또한 선진국을 따라잡기 위한 추격자(追擊者) 처지가 아니라, 많은 개도국들이 뒤따르고 있는 당당한 선도자(先導者) 입장으로 자리매김한 나라이다.

따라서 국격(國格)에 부합되는 국가정체성을 뚜렷이 세우고, 이를 바탕으로 한민족의 경제적 번영과 한반도 통일을 위한 길을 과감하게 개척해 나가야 할 때에 바야흐로 이르고 있는 것이다. 국민들이 지역의 소소한 숙원사업보다 우리나라의 미래 먹거리 확보를 위한 경제 살리기와 함께 한민족 번영을 위한 통일 비전과 접근 전략을 밝히는 좋은 정치인을 많이 뽑아야 하는 이유가 여기에 있다. 국가부터 살려야 지역도 좋아지지 않겠는가?

정치가 바로 서서 제 할 일을 하여야 국가 경제도 되살리고, 북핵 위협에서도 벗어나서 한반도 공동번영의 길로 들어설 수 있다. 이제는 백성이 정치를 바로 세워야 할 때가 왔다.

사람 냄새 나는 동네에서는 먼저 자신의 이익을 희생시키는 선택을 통해서 오늘도 웃음소리가 그치지 않고 있다.

내 것을 먼저 내던지면서 큰 그림 그리기에 흔연히 협력하는 큰 정치의 모습을 국민들은 너무나 보고 싶어 한다.

참고문헌

건설근로자공제회, 『건설근로자 수급실태 및 훈련 수요조사』, 2022.

______, 『2021 건설근로자 고용복지사업연보』, 2022.

농림축산식품부, 『농림축산식품 주요통계』, 2022.

대런 애쓰모글루·제임스 A. 로빈슨, 『국가는 왜 실패하는가』, 시공사, 2012.

민승규·정혁훈, 『농업, 트렌드가 되다』, 매일경제신문사, 2023.

박영숙·제롬 글렌, 『세계미래보고서 2023』, 비즈니스북스, 2022.

성진근, 『4차 산업혁명 시대 농업경영혁신론』, 도서출판 해남, 2020.

______, 『성장과 분배, 그러나 공정』, 도서출판 해남, 2021.

아시아경제, 「미·중 갈등속 美, 21년만에 韓 최대 무역흑자국 부상」, 2023. 5. 17.

오호정, 『조선기근사(朝鮮饑饉史)』, 경인문화사, 2022.

윤성욱 외, 『EU에서 한반도의 미래를 찾다』, 메디치미디어, 2022.

정운찬, 『한국경제, 동반성장, 자본주의 정신』, 파람북, 2021.

토마 피케티, 『21세기 자본』, 글항아리, 2014.

통계청, 「2020년 4분기 가계동향」, 2021.

______, 『2022년 북한의 주요 통계지표』, 2022.

통일부 통일교육원, 「한반도 평화정착과 유럽연합의 교훈」, 2005.

통일연구원, 「국민통일의식조사」, 2020.

프랜시스 후쿠야마, 『대붕괴, 신질서』, 한국경제신문, 2001.

한국개발연구원, 「장기 경제성장률 전망과 시사점」, 2022.

한국건설산업연구원, 「중기(2022~2024)건설업 외국인 근로자 적정규모 산정연구」, 2021.

현대경제연구원, 「대중국 수출감소가 한국경제에 미치는 영향과 시사점」, 2023.

한국CXO연구소, 「국내 71개 대기업 집단의 해외 계열사 현황」, 2021.

Robert Axelrod, *The evolution of cooperation*, 1994.

United Nations, *World population prospect: The 2022 Revision*, 2022.